caligrafía fácil

Título original: *Learn in 15 Minutes: Calligraphy*
Publicado originalmente en 2017 por Quarto Publishing

Traducción: Darío Giménez
Diseño de la cubierta: Toni Cabré/Editorial Gustavo Gili

1ª edición, 2ª tirada, 2019

*Printed in China*
ISBN: 978-84-252-3068-4
Depósito legal: B. 12796-2018

Editorial Gustavo Gili, SL
Via Laietana, 47, 2º, 08003 Barcelona, España. Tel. (+34) 933228161
Valle de Bravo 21, 53050 Naucalpan, México. Tel. (+52) 5555606011

William Paterson

GG®

# caligrafía fácil

45 tutoriales para conquistar el arte de la letra

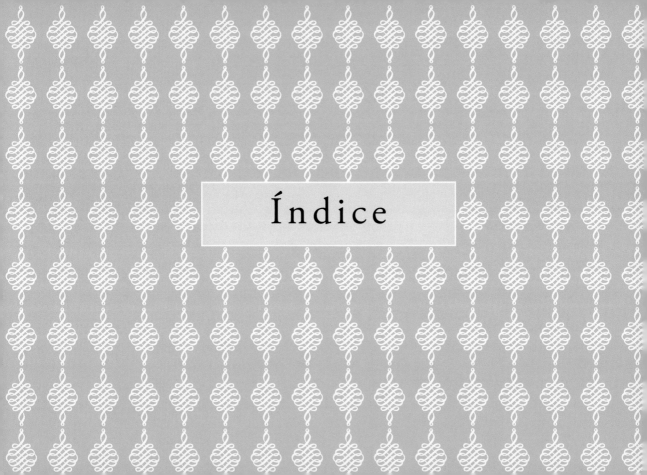

# Índice

## 15 EJERCICIOS DE CALIGRAFÍA

## 15 TÉCNICAS DE LETTERING

## 15 VARIACIONES Y EXTRAS

# Introducción

Yo tenía un juego de caligrafía cuando era pequeño, pero no empecé a aprender a caligrafiar en serio hasta los 18 años. Desde entonces no he dejado de practicar, desarrollar ni adaptar mis habilidades, y hoy soy ya capaz de transmitir a los demás, con este libro, parte de mi experiencia con la caligrafía y el lettering. Espero que disfrutes descubriendo los diversos estilos y técnicas que presento en estas páginas. Me encanta la estética libre y fluida que destila la caligrafía y esa sensación que transmite de haberse trazado sin esfuerzo; pero, por raro que parezca y pese a esa sensación de libertad del texto manuscrito, hay que recordar que, al abordar un trabajo de caligrafía o rotulación, es fundamental seguir una serie de directrices para lograr una pieza satisfactoria.

Este libro está diseñado para que puedas aprender los rudimentos del arte caligráfico y pasar después a practicar variaciones y estilos más avanzados. Puede que, por el camino, hasta encuentres tu estilo característico. El libro está organizado en tres apartados:

**Ejercicios de caligrafía.** Se trata de hacer prácticas de rotulación manuscrita ejerciendo distintos grados de presión con la pluma o el rotulador, para crear letras con un solo trazo. En este apartado aprenderás a escribir en estilo Copperplate y en cursivas manuscritas y a usar rotuladores de punta de pincel, entre otras muchas cosas.

**Técnicas de lettering.** En este apartado se trata más de dibujar letras que de escribirlas. Aquí descubrirás diversos estilos, como las letras de palo seco, las que imitan el estilo de las rúbricas y las rotulaciones a pincel de estilo vintage.

**Variaciones y extras.** Incluye toda una serie de efectos y florituras que puedes añadir a tus letras. Aprenderás a concebir buenas composiciones caligráficas, a añadir sombreados a tus trabajos de lettering y a aplicar efectos mediante el punteado o la acuarela.

Cada uno de estos tres apartados contiene 15 minilecciones en las que se va desglosando la técnica necesaria para hacer caligrafía de manera satisfactoria. Cuando en una página aparece el símbolo de la plumilla, quiere decir que los pasos de esa lección continúan en la página siguiente. Entre un ejercicio y otro hemos intercalado páginas en blanco o pautadas para que puedas practicar la técnica que se explica. En algunos ejercicios, verás que puedes unir los puntos de la retícula de esas páginas para generar líneas de guía adicionales (por ejemplo, si necesitas un espacio estrecho entre la línea de las ascendentes y la de la altura de las mayúsculas). Al principio, practicar caligrafía y lettering puede parecer difícil, pero te animo a que no te rindas y a que no cejes en tu empeño, porque al final verás que vale la pena. Recuerda la importancia del espesor del trazo y de las líneas de guía y pertréchate con buenas plumas, rotuladores, lápices y papeles. Pero, ante todo, ¡disfruta! La caligrafía me ha aportado tanta felicidad a lo largo de estos años que me alegro de no haberla dejado nunca.

*William Paterson*

15 ejercicios de caligrafía

# Rotulador de punta de pincel dura

Cuando se hace caligrafía con un rotulador de punta de pincel dura, la clave está en recordar que hay que ejercer más presión al mover la mano hacia uno y menos al alejarla.

1. Si no vas a usar las páginas de práctica de este libro, empieza dibujando unas líneas rectas horizontales en un papel para la altura de las mayúsculas, la línea base, la altura de la *x* y la línea de las descendentes.

2. Sujeta el rotulador en un ángulo de 45 grados y, presionando con firmeza, desplázalo hacia abajo hasta la línea base. Asegúrate de ejercer una presión uniforme a lo largo de todo el trazo.

3. Repite el paso 2 al revés, pero ahora ejerciendo poca presión; comienza en la línea base y tira del rotulador hacia arriba.

4. Sigue sujetando el rotulador a 45 grados, ponlo en la línea de la altura de la *x* y deslízalo hacia abajo, presionando con firmeza, hasta llegar a la línea base. Termina el trazo moviendo el rotulador hacia arriba, con menos presión, desde

la línea base hasta la mitad de la altura de la *x*.

5. Empieza por la línea base, ejerciendo presión suave; sube hasta la línea de la altura de la *x* y vuelve a deslizar el rotulador hacia abajo, presionando con más fuerza, hasta regresar a la línea base.

6. Repite los pasos 2 a 5 para dibujar la letra entera.

7. En la imagen 7 se aprecia por qué esta es una caligrafía de "punta dura": casi todos los trazos son rápidos y bruscos. Practica escribiendo la palabra *minimum* para que tus trazos adquieran uniformidad.

8. Empieza presionando con fuerza desde la línea de altura de la *x* para trazar una curva que baje hasta la línea base; una vez allí, traza un arco que vuelva hasta la altura de la *x* para cerrar la letra *o*.

9. Repite el paso 4, pero empezando desde la línea de la altura de mayúsculas.

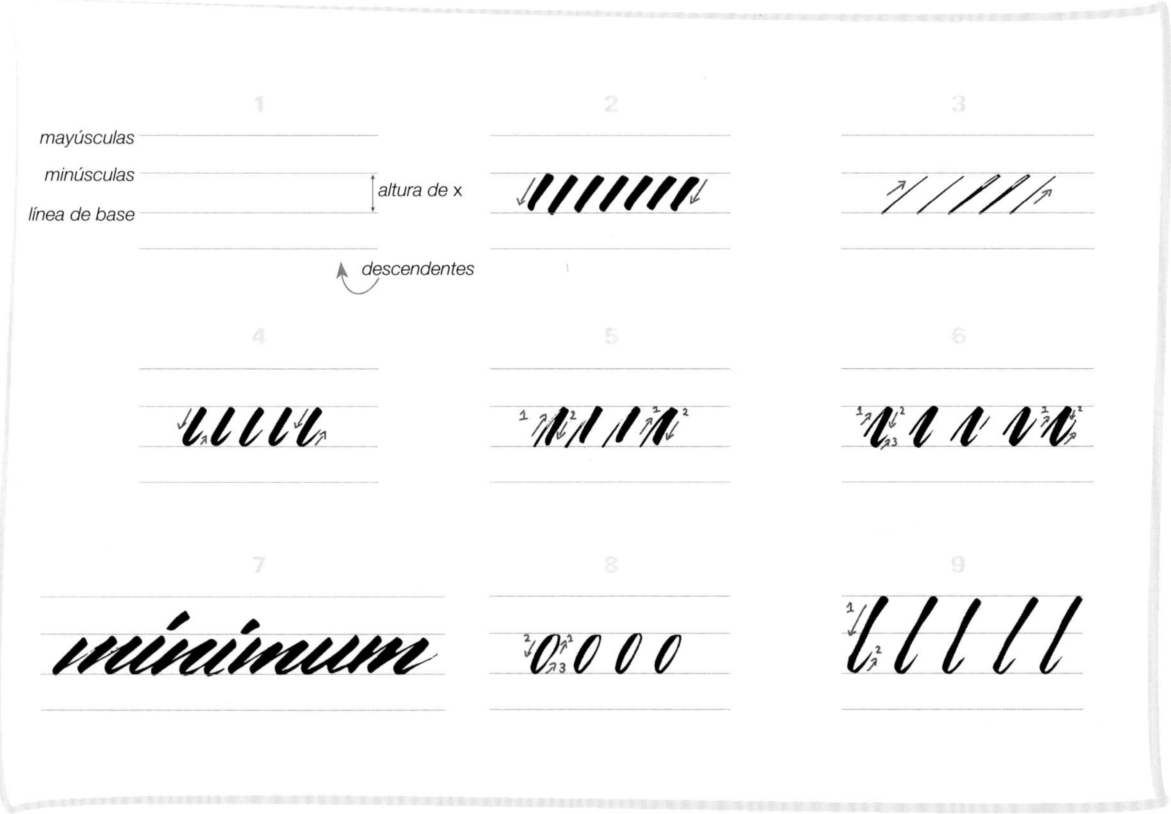

mayúsculas

minúsculas

línea de base

altura de x

descendentes

1

2

3

4

5

6

7

8

9

mínimum

# PRACTICA AQUÍ LOS EJERCICIOS

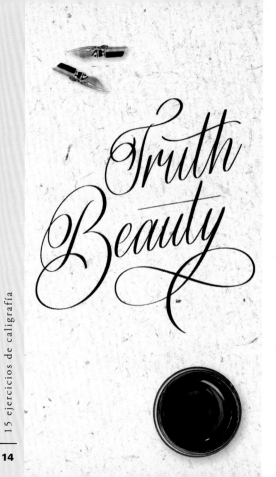

# Estilo Copperplate

Para perfeccionar la caligrafía de estilo Copperplate, o letra inglesa, debes practicar el ángulo de los trazos y el efecto de movimiento de las líneas. Es aconsejable que en este caso completes dos renglones de cada ejercicio antes de pasar al siguiente.

1. En la página de práctica, une con una línea el primer par de puntos y empléala como guía para los trazos ascendentes. Repite este paso para trazar todas las líneas de guía que necesites. Dibuja también líneas de guía paralelas a 45 grados. Emplea una plumilla Nikko G montada en mango oblicuo, gira el papel para que quede vertical y alinea la plumilla con los trazos que has dibujado a 45 grados. Dibuja trazos que vayan desde la línea base hasta la de las ascendentes, ejerciendo presión suave.

2. Ahora, haz los mismos trazos, pero deslizando la plumilla hacia abajo desde la línea de las ascendentes hasta la línea base y presionando con firmeza.

3. Este trazo es igual que el del paso 2, pero añadiéndole una curva hacia la derecha. Recuerda reducir la presión antes de empezar a trazar la curva.

4. Ahora dibuja una versión más corta del trazo que has hecho en el paso 3. Empieza desde la línea de la altura de la *x*, baja hasta la línea base y curva el trazo hacia arriba hasta la mitad de la altura de la *x*.

5. Repite el paso 4, pero a la inversa: de abajo arriba. Empieza con un trazo fino hacia arriba y cúrvalo hacia abajo formando un trazo grueso. Este es el trazo inicial de las letras que presentan arcos y hombros, como *n*, *m*, *p*, *v* y *w*. Empieza a dibujar el trazo fino ascendente partiendo de la línea base.

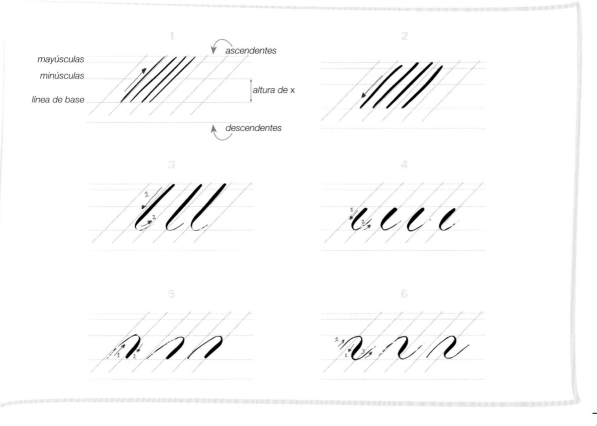

6. Une los pasos 4 y 5 para dibujar un trazo ascendente fino, uno descendente grueso y otro ascendente fino.

7. Dibuja la letra *o* con un solo trazo: parte de la derecha, a una cuarta parte de la altura de la *x*, y dibuja un trazo ascendente fino en dirección contraria a las agujas del reloj, haciéndolo más grueso en la parte descendente de la izquierda y luego ejerciendo menos presión al subir por la derecha para volver al punto de partida.

8. Dibuja un trazo básico fino y ligeramente curvado que te servirá de base o fuste para letras como *t, j, u, l, f, h, k, s* y *e*.

9. Practica escribiendo la palabra *million*.

# PRACTICA AQUÍ LOS EJERCICIOS

# Letra monotrazo

La caligrafía monotrazo es un estilo vintage que se ha hecho muy popular en Instagram. Tal como su nombre indica, los trazos de las letras tienen un espesor uniforme. Eso facilita la creatividad a la hora de dibujar florituras y diseñar composiciones. Lo ideal para este estilo es usar un rotulador Pentel Paint Marker.

1. Si no vas a usar la página de práctica, empieza dibujando líneas de guía horizontales para la línea de la altura de las mayúsculas, la línea base, la de la altura de la x y la línea de las descendentes. También puedes dibujar guías cruzadas a 65 grados si te ayudan.

2. Empieza haciendo trazos rectos con el rotulador desde la línea de minúsculas hasta la línea base. Sigue practicando hasta que todos los trazos sean uniformes. Deberían tener un ángulo de unos 65 grados.

3. Empieza por la altura de la x y dibuja hasta la línea base. Justo antes de llegar a ella, curva el trazo para crear la ligadura o trazo conector. Cuesta un poco que salgan uniformes, por lo que conviene practicar hasta adquirir confianza.

4. Repite el ejercicio del paso 3 a la inversa: en lugar de empezar por la línea de minúsculas, parte desde el centro de la altura de la x.

**1**

mayúsculas _____

minúsculas _____

línea de base _____

↕ altura de x

↰ descendentes

**2**

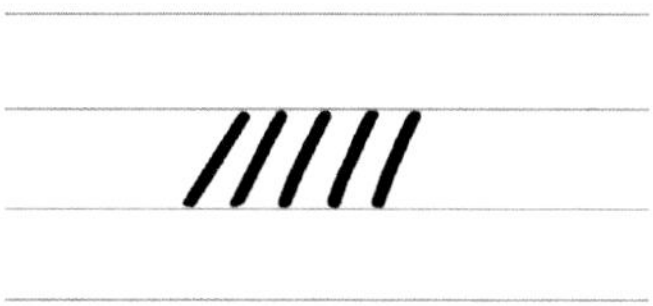

///// 

**3**

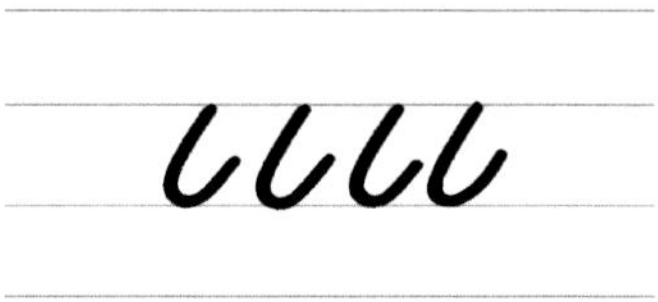

ℓℓℓℓ

**4**

ꓶꓶꓶꓶꓶ

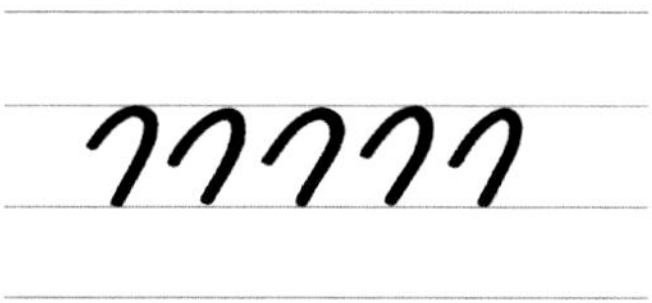

5. Ahora combina los pasos 3 y 4. El truco está en trazar el arco de todas las letras para que quede lo más redondo posible. Deberías poder dibujar un círculo perfecto en el interior de cada uno de esos trazos curvos.

6. Empieza por la mitad de la altura de la *x* y traza óvalos. Es un poco difícil, así que practica hasta que lo consigas.

7. Si quieres escribir una palabra, prueba a dibujar primero a lápiz el esqueleto de las letras. Te servirá de base para ir resiguiéndolo después con el rotulador.

8. La palabra caligrafiada debería tener el aspecto uniforme y regular que se aprecia en la imagen 8.

PRACTICA AQUÍ LOS EJERCICIOS

# Caligrafía gótica

La letra gótica es un estilo caligráfico muy versátil, con multitud de variaciones con las que podrás experimentar. Uno de los aspectos más atractivos de la caligrafía gótica es el grosor y la uniformidad de las letras. Como verás en los siguientes ejercicios, todas se ciñen a un mismo patrón.

1. Une el primer par de puntos de la página de práctica con una línea y úsala como guía para la línea de las ascendentes. Repite este paso con los demás pares de puntos. Usa un rotulador Pilot Parallel y asegúrate de sujetarlo con una inclinación de 45 grados; esto es importante para que los trazos sean equilibrados y uniformes en todas las letras. Dibuja en sentido descendente una serie de trazos verticales como los de la imagen 1.

2. Ahora, sujetando el rotulador en el mismo ángulo, crea trazos diagonales de arriba abajo; verás que quedan más gruesos. Procura que te queden todos iguales.

3. Sujeta el rotulador en el mismo ángulo y repite el paso 2; pero ahora empieza desde la línea de minúsculas y baja hasta la línea base. Si lo haces correctamente, te saldrán unos trazos muy finos.

4. Ahora traza una serie de rombos; intenta hacerlos lo más regulares que puedas.

5. Partiendo de la línea de minúsculas, dibuja un rombo; luego repite el trazo del paso 1 y, a continuación, dibuja otro rombo en la línea base. Esta figura es la base de casi todas las letras góticas de caja baja.

6. Repite el ejercicio del paso 5, pero ahora dibuja todos los elementos con un solo trazo continuo.

7. En la imagen 7 se muestra una palabra escrita en el estilo gótico.

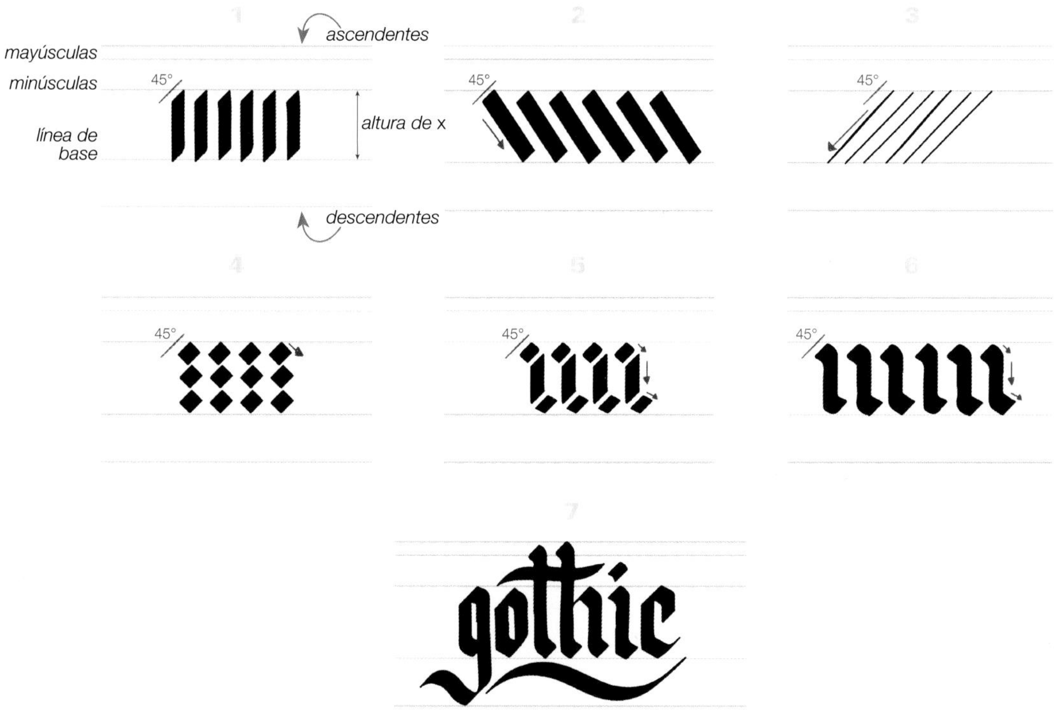

mayúsculas

minúsculas

línea de base

1

ascendentes

45°

altura de x

descendentes

2

45°

3

45°

4

45°

5

45°

6

45°

7

gothic

# PRACTICA AQUÍ LOS EJERCICIOS

# Caligrafía con tiralíneas

El tiralíneas se concibió para dibujar líneas precisas. Antes lo usaban sobre todo ingenieros y delineantes, pero hoy lo emplean mucho los calígrafos porque permite dar un gran contraste al espesor de los trazos. Aquí aprenderás unos cuantos trazos de tiralíneas para ir familiarizándote con él.

1. Empieza dibujando trazos descendentes, de más fino a más grueso. Traza las líneas más finas con el tiralíneas en vertical y ve inclinándolo cada vez en un ángulo más pronunciado para ir haciendo líneas más gruesas.

2. Con el tiralíneas inclinado, haz líneas gruesas en sentido descendente y termínalas con un arco ascendente fino.

3. Ahora empieza desde la línea base; con la punta del tiralíneas, traza una diagonal ascendente; vuelve a bajar poniéndolo más plano respecto al papel y termina en la línea base.

4. Sujeta el tiralíneas casi plano sobre el papel para hacer el trazo más grueso posible y traza hacia abajo la curva gruesa izquierda. Luego, haz la curva ascendente más fina hasta la línea de minúsculas para cerrar la *o*.

5. Repite el paso 3; pero termina el trazo descendente con un trazo fino curvado hacia la izquierda, horizontal respecto a la línea base.

6. Este trazo llega hasta la línea de las descendentes. Empieza como en el paso 2, pero sigue más abajo de la línea base y termina aflojando la presión del tiralíneas y creando una curva fina hacia la izquierda.

mayúsculas
minúsculas
línea de base

altura de x

descendentes

# PRACTICA AQUÍ LOS EJERCICIOS

# Rotulador de punta de pincel blanda

Con un rotulador de punta blanda puedes dibujar letras de aspecto más gestual repitiendo lo que hemos visto en las páginas 10 y 11. Sin embargo, con esta punta, la manera de ejercer presión es menos brusca. Estos ejercicios te ayudarán a dominar la técnica.

1. Si no vas a usar las páginas de práctica, traza en tu papel unas líneas rectas horizontales que te sirvan de guía para las líneas de la altura de las mayúsculas, base, minúsculas y de las descendentes. Luego, partiendo de la línea de minúsculas y con el rotulador inclinado en ángulo de 45 grados, presiona con firmeza y deslízalo hacia la línea base.

2. Aplicando menos presión y partiendo de la línea base, repite el paso 1, pero ahora hacia arriba.

3. Repite el paso 1; pero cuando te acerques a la línea base empieza a trazar una curva ascendente, ejerciendo cada vez menos presión a medida que te acercas a la línea de minúsculas.

4. Repite el paso 2, partiendo de la línea base, pero curva el trazo al llegar a la línea de minúsculas, aplicando gradualmente menos presión, como has hecho en el paso 3, y regresa a la línea base.

5. Combina los pasos 1 a 4 para trazar la forma entera, como se ve en la página siguiente.

mayúsculas

minúsculas

línea de base

altura de x

descendentes

## 2

6. Empieza en la línea de minúsculas y baja hasta la línea base, presionando con firmeza. A medida que trazas la curva en la línea base, ve reduciendo la presión de forma gradual y dibuja un arco de vuelta hasta la línea de minúsculas para cerrar la *o*.

7. Repite el ejercicio del paso 6; pero, una vez cerrado el trazo, añádele el conector a la *o* en la parte derecha.

8. Practica escribiendo las palabras *aluminum* o *minimum*. Este ejercicio te ayudará a dar uniformidad a tus letras.

# PRACTICA AQUÍ LOS EJERCICIOS

# Rotulación moderna a pincel

La principal diferencia entre la caligrafía antigua y la moderna es la manera en la que se crean las letras. Fíjate bien en las imágenes, y sigue las flechas y los números en rojo de los ejercicios para aprender a rotular letras a pincel de estilo actual. Para ello, usa un rotulador de punta de pincel Ecoline Brush.

1. En este ejercicio, la línea de las ascendentes tiene que estar más cerca de la línea de la altura de las mayúsculas, así que usa los puntos que aparecen en la página de práctica para bajar esa línea. Sujeta el rotulador en un ángulo de 0 grados, de modo que la punta quede dirigida hacia la izquierda. Es importante para conseguir un trazo uniforme. Presionando con firmeza, traza de tres a seis líneas, desde la línea de minúsculas hasta la línea base.

2. Ahora hazlo al revés que en el paso 1: empieza en la línea base, sujetando el rotulador en el mismo ángulo, y crea de tres a seis líneas verticales ejerciendo poca presión.

3. Repite el paso 1, pero cuando llegues a la línea base traza una curva y repite el paso 2.

4. Repite el paso 3, pero ahora empieza desde el centro de la altura de la *x*. Dibuja hacia arriba, traza una curva y luego baja en línea recta hasta la línea base.

5. Combina los ejercicios de los pasos 3 y 4.

6. Para dibujar una letra *o*, empieza desde la mitad de la altura de la *x*, dibuja hacia arriba y repite el paso 1, pero dándole al trazo una ligera curvatura. Luego repite el paso 3.

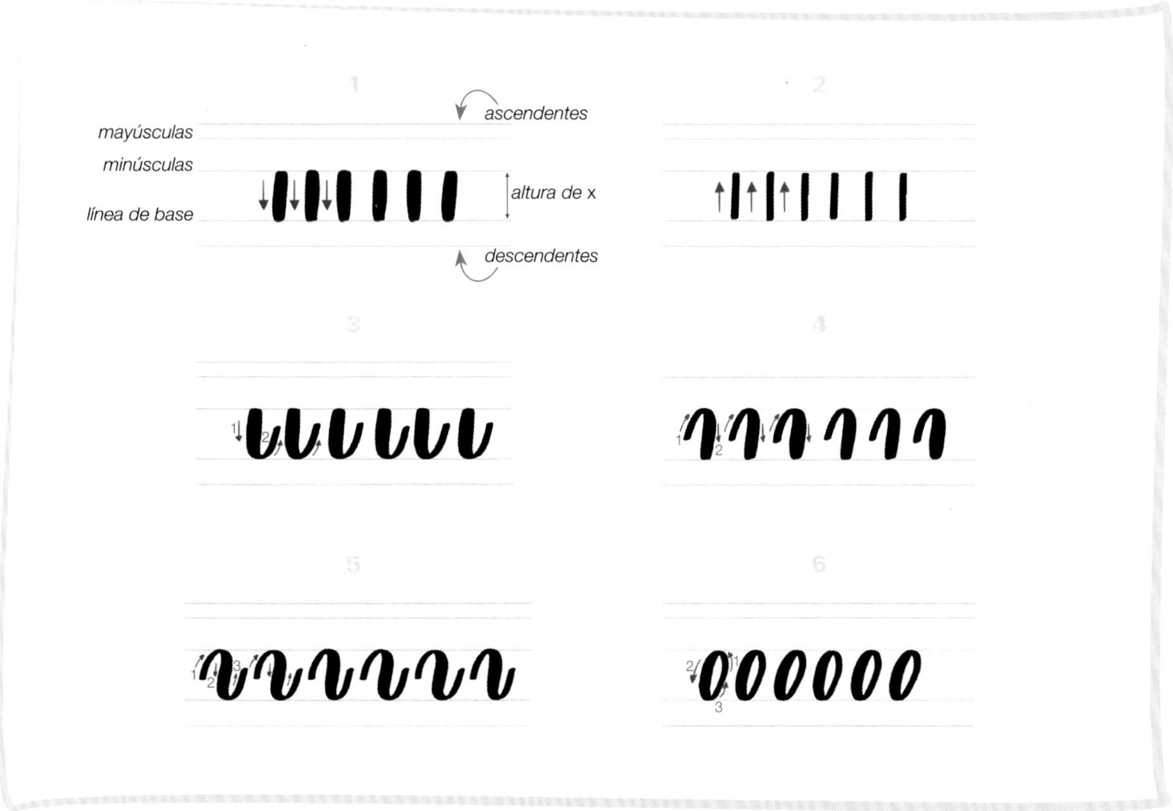

mayúsculas

minúsculas

línea de base

ascendentes

altura de x

descendentes

7. Repite el paso 3, pero ahora partiendo desde la línea de las ascendentes.

8. Ahora dibuja parcialmente el trazo principal de las letras *b* y *p*. Repite el ejercicio 4; pero esta vez, en lugar de crear una línea recta, dibuja un trazo curvo hasta la línea base.

9. En la imagen 9 se aprecia el estilo moderno de rotulación a pincel aplicado a una palabra. Fíjate en lo poco preciso que puede quedar: la caligrafía moderna a pincel no tiene por qué ser perfecta; de hecho, se agradecen las imperfecciones en las letras.

# PRACTICA AQUÍ LOS EJERCICIOS

# Caligrafía con acuarela

La popularidad de la caligrafía está creciendo. Por eso hay cada vez más gente que experimenta con diversos utensilios y materiales y afronta la caligrafía con creatividad. La caligrafía con acuarela es un buen ejemplo de ello. Estos ejercicios te enseñarán a aprovechar tus habilidades de experimentación con nuevos útiles de escritura.

1. La rotulación con acuarela se parece al lettering normal a pincel, pero la tinta y el papel son distintos. Para empezar, usa un pincel redondo –preferiblemente de marta– y pintura a la acuarela corriente.

2. Mezcla la acuarela con agua y, en papel de acuarela, empieza a escribir una palabra con el pincel. Lo genial de caligrafiar con acuarela es que puedes permitirte rotular de manera tosca, sin formalismos. Ten en cuenta que, en función del papel y de la cantidad de agua y pintura que uses, quizás tengas que tensar y encintar el papel para evitar que se deforme.

# PRACTICA AQUÍ LOS EJERCICIOS

# Rotulación informal a pincel

Este tipo de caligrafía informal se usa para crear letras "de un solo trazo" con un aire vistoso y desenfadado. Para ello suelen emplearse pinceles, no rotuladores, pero se puede conseguir el mismo efecto con los rotuladores Ecoline de punta de pincel.

1. En la página de práctica, une el primer par de puntos de cada serie de guías para usarlo como línea de las ascendentes. Une también el cuarto par de puntos para estrechar la distancia entre la línea base y la de las descendentes. Empieza trazando una serie de líneas gruesas entre la línea de la altura de las mayúsculas y la línea base, aplicando presión firme con el rotulador inclinado en un ángulo de 60 grados.

2. Aquí, para lograr contrastes de grosor, el rotulador de punta de pincel tiene que cambiar físicamente de dirección. Haz una serie de trazos horizontales sobre la línea base, la mitad de gruesos que los verticales del paso 1.

3. Como ves en la imagen 3, la *A* está formada por dos trazos descendentes y uno horizontal. Este alfabeto informal está compuesto básicamente por trazos gruesos descendentes. Intenta reproducir la letra *A* que aparece en la imagen 3.

4. hora dibuja un semicírculo, que será la mitad de una letra *O* mayúscula. Empieza a dibujarlo ejerciendo presión desde la línea de la altura de las mayúsculas y baja hasta la línea base, trazando un arco hacia la izquierda.

mayúsculas
minúsculas
línea de base

ascendentes

altura de x

descendentes

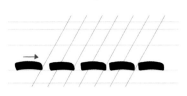

5. Traza la otra mitad de la *O*, repitiendo el paso 4, pero ahora por el lado derecho. Cuando ya te salga una forma regular, intenta dibujar la letra *O* entera combinando los pasos 4 y 5.

6. Repite el paso 2, pero ahora dibuja los trazos en la línea de la altura de las mayúsculas.

7. Como ves, la caligrafía informal es divertida y fácil. Cuando rotules con este estilo, ten en cuenta que las letras tienen que estar muy juntas; si incrementas el interletraje (el espacio entre las letras), la palabra te quedará desequilibrada.

PRACTICA AQUÍ LOS EJERCICIOS

# Caligrafía itálica

La caligrafía itálica es un estilo muy elegante. Normalmente, para dar contraste de espesor a los trazos, se usa una plumilla de punta ancha, como una Brause de 3 mm, pero puedes usar también un rotulador Parallel Pilot. Los siguientes pasos te ayudarán a perfeccionar este estilo caligráfico.

1. Marca un ángulo de 45 grados en el papel, trazando una serie de líneas descendentes. En la letra itálica, el ángulo de la pluma o el rotulador es casi siempre de 45 grados, así que trata de mantenerlo en esta inclinación.

2. El objetivo de este ejercicio es que te asegures de mantener la punta a 45 grados. Si lo haces correctamente, podrás trazar una serie de líneas gruesas y finas sin problemas.

3. Repite el ejercicio del paso 1, añadiendo un trazo ascendente después de los descendentes. Esta es la base para la *n* y la *m*.

4. Ahora dibuja una letra *o*. Empieza con un trazo grueso descendente y otro fino ascendente, como en el paso 3, y luego une ambos trazos con una línea horizontal corta.

5. Ahora intenta escribir la palabra *minimum*. Te servirá para hacerte una idea precisa de la regularidad de cada trazo. Practica estos ejercicios para adquirir más control y uniformidad en los trazos.

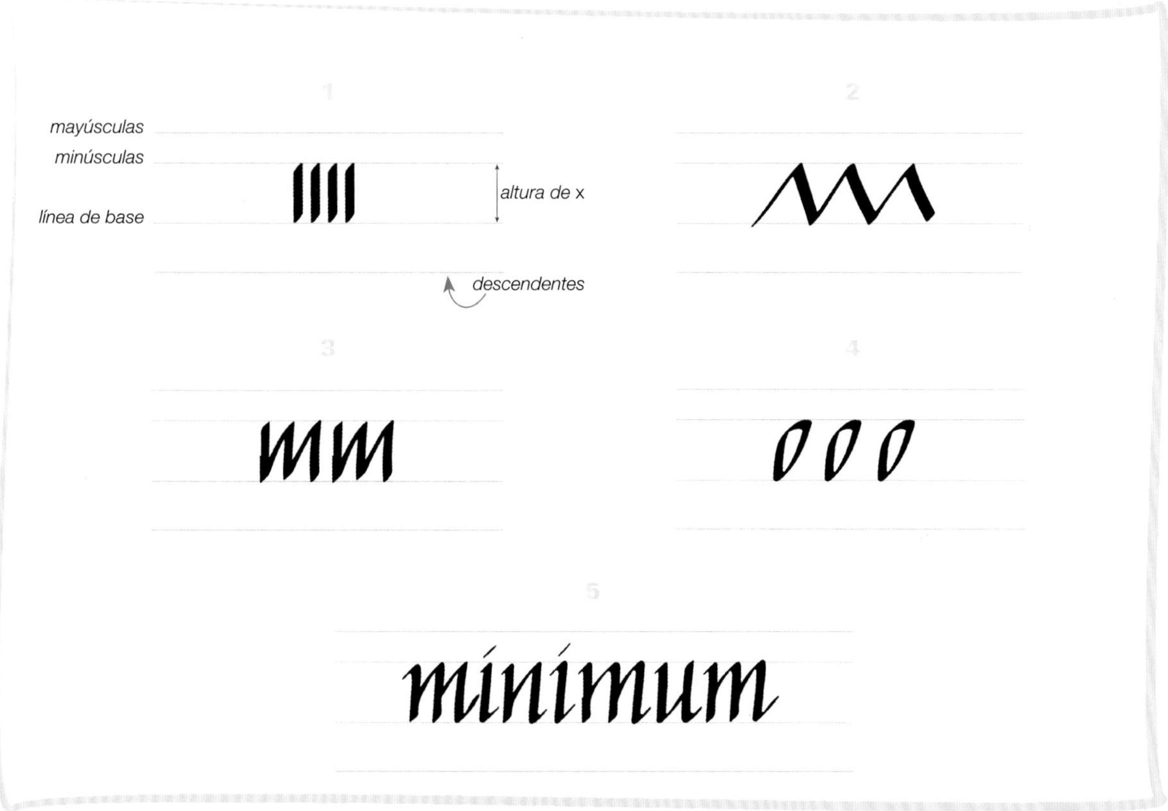

mayúsculas

minúsculas

línea de base

||||

altura de x

descendentes

1

2

ΛΛΛ

3

mm

4

0 0 0

5

mínimum

# PRACTICA AQUÍ LOS EJERCICIOS

# Caligrafía con rotulador Crayola

En los últimos años, el creciente interés por esta disciplina ha fomentado la experimentación con distintos utensilios y la caligrafía ha evolucionado. El rotulador Crayola es muy barato pero funciona mejor que otros de punta de pincel profesionales.

1. Pon el rotulador Crayola de costado y dibuja un trazo grueso inclinado desde la línea de minúsculas hasta la línea base.

2. Repite el paso 1, pero ahora con la punta del rotulador para hacer una línea fina. Deberías poder apreciar con claridad el contraste entre los trazos finos y gruesos.

3. Repite el paso 1 y sigue con el paso 2 cuando llegues a la línea base. Practica estos trazos hasta que adquieras la máxima soltura.

4. Empieza justo por debajo de la línea de minúsculas, desplaza el rotulador hacia arriba y a la izquierda, inclinándolo a 45 grados, y luego repite los pasos 1 y 2.

5. Combina los pasos 4 y 3 para dibujar una a minúscula.

6. Ahora repite el paso 3, pero empezando desde la línea de la altura de las mayúsculas. Aunque al principio la caligrafía con rotulador Crayola puede costarte, intenta no dibujar las letras despacio: hazlo con agilidad y rapidez.

7. El rotulador Crayola permite idénticos resultados que un rotulador de punta de pincel.

mayúsculas

minúsculas

línea de base

altura de x

descendentes

# PRACTICA AQUÍ LOS EJERCICIOS

# Caligrafía comercial formal

La caligrafía comercial es un tipo de letra formal que tradicionalmente se escribe con pluma estilográfica. Un estilo que permite escribir con elegancia y rapidez sin que se te agarrote la mano.

1. Quizás te sea más fácil escribir en papel pautado o con retícula de puntos. En la página de práctica, une el tercer par de puntos de cada serie de guías. Usa esa nueva guía como línea base. Según el resultado que quieras obtener, puedes usar una estilográfica o un rotulador de bola. El bolígrafo no funciona bien en este tipo de escritura fluida.

2. Primero dibuja una *i* minúscula. Tendrás que poner el brazo paralelo al papel, así que adopta una postura cómoda y gira el papel cuanto sea necesario. Empieza dibujando un trazo conector desde la línea base y luego desplaza la pluma hacia ti para crear otro trazo conector.

3. Ahora, la letra *o*. El truco está en repetir el trazo uniformemente en la misma línea sin levantar el utensilio del papel. Procura no forzar demasiado el brazo al escribir.

4. Ahora dibuja una *a* minúscula. Es como una *o* apoyada en una *i*.

5. Procura espaciar bien las letras. Para que sean legibles, el espacio entre ellas debería tener el ancho de una letra.

6. Para dibujar una *n* solo tienes que dibujar una *i* seguida de un trazo en zigzag. Esta letra puede ser difícil de perfeccionar, pues confunde a nuestra memoria muscular.

1

ascendentes

*mayúsculas*
*minúsculas*

*línea de
base*

descendentes

2

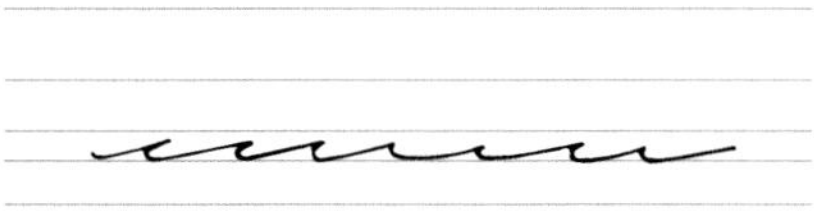

*ccucu*

3

*vovov*

4

*aaaa*

5

*aaaa*

6

*nnnu*

7. La *m* es igual que la *n*, pero con un trazo más en zigzag.

8. Ahora prueba a escribir la palabra *mine*; es una palabra ideal para practicar, porque te obliga a mantener la uniformidad de las letras.

9. En la imagen 9 se aprecia el aspecto que tiene este estilo caligráfico.

PRACTICA AQUÍ LOS EJERCICIOS

# Estilo Foundational

La caligrafía Foundational, o redonda moderna, es perfecta para aprender los fundamentos de las minúsculas con plumilla o rotulador de punta ancha. A veces se denomina *minimalista* por su sencillez, y el espaciado entre letras le brinda mucha elegancia. En este estilo, usa un rotulador Pilot Parallel.

1. Empieza con una serie de trazos descendentes verticales con el rotulador inclinado en un ángulo de 30 grados. Es importante mantener este ángulo cuando se practica este estilo, y también hacer los trazos lo más uniformes que puedas.

2. Para trazar la primera parte de la *o*, empieza desde la línea de minúsculas y haz un semicírculo hasta la línea base.

3. Repite el trazo del ejercicio 2 por el otro lado para cerrar la *o*.

4. Añade unos arcos sutiles a los extremos del trazo vertical descendente: serán las serifas, o remates.

5. Repite el ejercicio del paso 4 y luego conecta cada nuevo trazo descendente con el anterior. Sigue repitiendo estos trazos hasta que obtengas un patrón como el que se ve en la imagen 5. Procura dejar abundante espacio entre un trazo y otro.

6. Repite el ejercicio 5, pero conectando los trazos por abajo.

7. Cuando hayas practicado bastante, prueba a escribir la palabra *onion*. Las letras deben tener un aspecto fluido y uniforme.

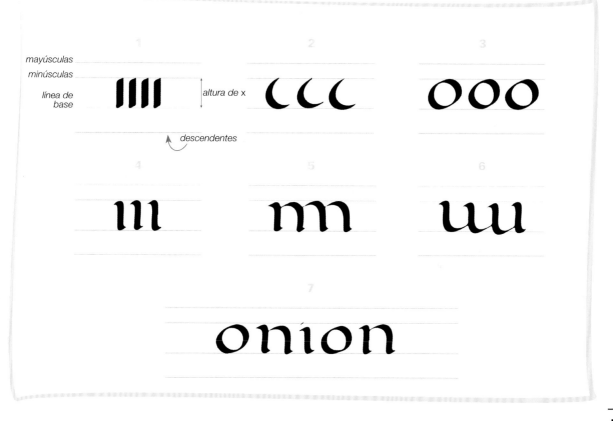

mayúsculas
minúsculas
línea de
base

_altura de x_

_descendentes_

1    2    3

4    5    6

7

onion

# PRACTICA AQUÍ LOS EJERCICIOS

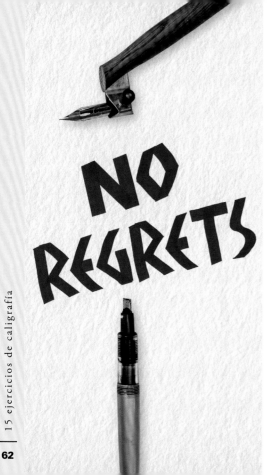

# Estilo Neuland

El estilo Neuland es una modalidad de caligrafía muy diferente. Hay quien lo considera algo simple, pero puede funcionar muy bien en algunas composiciones caligráficas. En este estilo, usa un rotulador Pilot Parallel o una plumilla de punta ancha.

1. Con la pluma o el rotulador planos respecto al papel, haz unos trazos verticales sencillos.

2. Gira el papel 90 grados y, con la parte más ancha del rotulador, dibuja una línea horizontal justo bajo la línea de la altura de las mayúsculas. Sigue dibujando trazos paralelos hacia abajo hasta llegar a la línea base.

3. Sujeta el rotulador a 30 grados y haz trazos descendentes en diagonal, de izquierda a derecha.

4. Repite el ejercicio 3 de derecha a izquierda.

5. Con el rotulador plano respecto al papel, dibuja una forma semicircular, cuidando de alinear los extremos superior e inferior lo mejor que puedas.

6. Repite el ejercicio del paso 5 por el otro lado para cerrar la *o*.

7. Con el rotulador plano respecto al papel, dibuja un trazo descendente vertical y traza una leve curva al llegar a la línea base.

8. Repite el paso 7, pero hacia el otro lado.

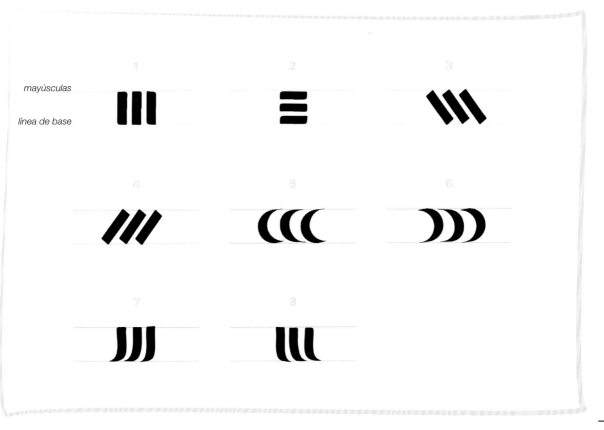

mayúsculas

línea de base

9. Sujeta el rotulador perpendicular al papel y dibuja una serie de arcos horizontales convexos paralelos. Luego traza estos arcos en sentido contrario, hasta que te salgan uniformes.

10. Con el rotulador plano respecto al papel, traza una curva y después una contracurva, en sentido contrario. Es el trazo básico de la *S*. Mantén la uniformidad en las curvas superior e inferior.

11. Dibuja una *o* con cuatro trazos, empezando por el paso 5, luego el 9 y cerrándola con el trazo del paso 6.

# PRACTICA AQUÍ LOS EJERCICIOS

# Caligrafía romana

El alfabeto romano es uno de los conjuntos de letras más versátiles y legibles que hay. Se emplea mucho en caligrafía por las posibilidades que brinda de embellecer las letras. En estos ejercicios aprenderás a hacer los movimientos de la mano y los ángulos correctos. Usa un rotulador Pilot Parallel o una plumilla de punta ancha para hacerlos.

1. Sujeta el rotulador en ángulo de 30 grados y haz trazos descendentes desde la línea de la altura de las mayúsculas hasta la línea base. Mantén el ángulo y el espaciado de las líneas lo más uniforme posible.

2. Con el rotulador en un ángulo de 20 grados, traza una columna de líneas horizontales, partiendo también de la línea de la altura de las mayúsculas y terminando en la línea base.

3. Sujeta el rotulador a 45 grados y traza líneas diagonales con la arista de la punta, desde la línea de la altura de mayúsculas hasta la línea base. Si lo sujetas como es debido, los trazos deberían ser finos.

4. Repite el paso 3, sujetando también el rotulador a 45 grados, pero trazando las diagonales hacia la derecha. Te saldrán trazos más gruesos.

5. Con el rotulador a 30 grados, dibuja un semicírculo parecido a una luna creciente.

6. Repite el ejercicio 5, pero en dirección contraria.

7. Repite los pasos 5 y 6, combinándolos para cerrar la letra *o*.

8. Con el rotulador a 30 grados, traza una curva en forma de *s*, partiendo desde la línea de la altura de mayúsculas y terminando en la línea base.

9. Practica escribiendo la palabra *ROMAN*.

# PRACTICA AQUÍ LOS EJERCICIOS

# Galería

**DERECHA** Las florituras de
las serifas y el *swash* inferior
dan elegancia y equilibrio a esta
composición.

**IZQUIERDA** El equilibrio de la composición se consigue uniendo la rotulación formal con serifas en arco de la parte superior, el elemento ilustrativo del centro y la letra cursiva de la base.

# 15 técnicas de lettering

# Rotulación vintage a pincel

Los rotuladores con punta de pincel son perfectos para crear un "look de rotulación a pincel". No obstante, este tipo de rotuladores pueden resultar algo limitados. En este tutorial veremos cómo crear este estilo partiendo de un dibujo a lápiz.

1. En la página de práctica, une el cuarto par de puntos de cada serie de guías: será la línea de las descendentes. Si no vas a usar la página de práctica, dibuja dos líneas tenues siguiendo los bordes superior e inferior de la regla: serán la línea base y la de las ascendentes. Después traza con la regla las líneas de las descendentes y de las minúsculas.

2. A continuación, haz varias líneas diagonales a 65 grados, mejor con una regla. No es estrictamente necesario que sean a 65 grados exactos, pero sí es importante que su inclinación sea uniforme.

3. Empieza a dibujar el esqueleto de la pieza. Asegúrate de que el ángulo de los trazos verticales de tus letras se aproxima al máximo a los 65 grados.

4. Poco a poco, añade espesor al armazón de las letras. La distribución del grosor debería imitar el modo exacto en el que quedaría al pintar con pincel. Para recordarlo, consulta el apartado "Rotulador de punta de pincel blanda", en las páginas 30-32.

5. Ahora ya deberías tener una idea aproximada de cómo va a quedar el lettering. Igual no tiene un aspecto "limpio", pero eso es del todo normal. Usando un papel de calco o una mesa de luz, calca la pieza con un lápiz bien afilado y rellena las letras con un rotulador de punta fina, como un Micron 01.

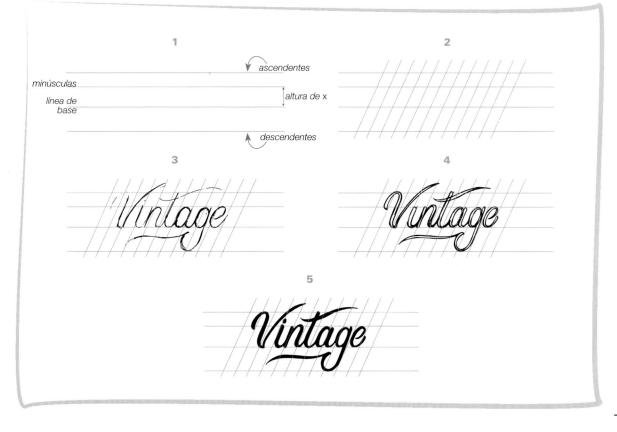

# Rotulación con serifas al estilo años 20

Este estilo es una mezcla de caligrafía vintage y tipos de imprenta con serifas. Tiene un aire muy años 20 y funciona muy bien junto con texto compuesto en tipos serif.

1. En la página de práctica, une el primer y el tercer par de puntos con una regla. Estas nuevas líneas serán las guías de las ascendentes y las descendentes. Haz también unas guías verticales inclinadas a 65 grados.

2. Empieza dibujando el esqueleto a lápiz. Asegúrate de que las mayúsculas iniciales de cada palabra van desde la línea de las ascendentes hasta la de las descendentes. Esto da a las mayúsculas una estética equilibrada y a la vez te permite cierta creatividad. Puedes añadir una floritura que aporte equilibrio, como la de la imagen 2.

3. Empieza a añadir espesor. Dibuja todos los fustes del mismo grosor y haz lo mismo con las panzas o bucles. Sigue siempre el eje de inclinación de 65 grados.

4. En la imagen 4, fíjate en que las serifas (resaltadas por los círculos rojos) son cuadradas en las letras rectangulares, y circulares en las letras curvilíneas.

5. Ahora, usando un papel de calco o una mesa de luz, haz bocetos sobre tu palabra con un lápiz bien afilado. Los adornos y florituras deben estar equilibrados y mantener el mismo contraste de espesor en sus trazos que las letras. Finalmente, rellena las letras con un rotulador de punta fina.

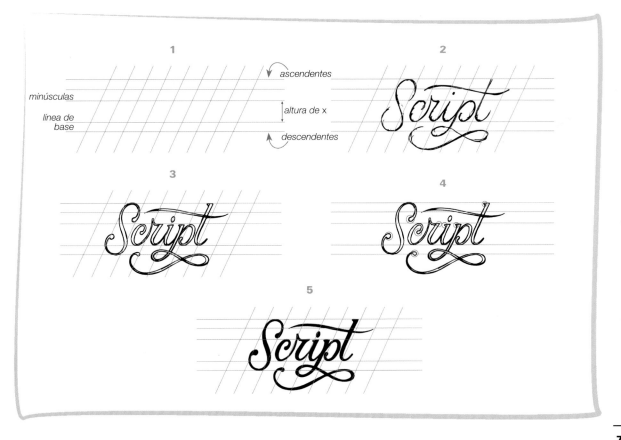

**1**

ascendentes

minúsculas

altura de x

línea de base

descendentes

**2**

**3**

**4**

**5**

PRACTICA AQUÍ LOS EJERCICIOS

# Letras serif hechas a mano

Las serifas o remates son los terminales que tienen algunas letras en sus extremos. Su finalidad es dar equilibrio a las letras y uniformidad al alfabeto. Las letras serif provienen de la antigua Roma, cuando las letras se tallaban a cincel. Verás que son muy parecidas a las letras de palo seco y las de bloque; solo se diferencian de estas en el contraste de espesor y en los propios remates.

1. Si no vas a usar la página de práctica, dibuja dos líneas de guía; para ello puedes aprovechar ambos bordes de la regla.

2. Dibuja con trazos suaves de lápiz el esqueleto de la palabra que quieres rotular. Ten en cuenta que las letras serán todas mayúsculas, y que tienes que dejar espacio entre ellas para las serifas.

3. Añade con cuidado espesor al esqueleto de las letras.

4. Respecto al espesor: los trazos verticales deben ser más gruesos que los horizontales. En las letras de formas redondas, como la *s*, el cambio de grosor del trazo debe ser gradual, no brusco.

5. Sombrea levemente el interior de las letras a lápiz y, cuando te guste el resultado, entíntalas con una plumilla o rotulador de punta fina

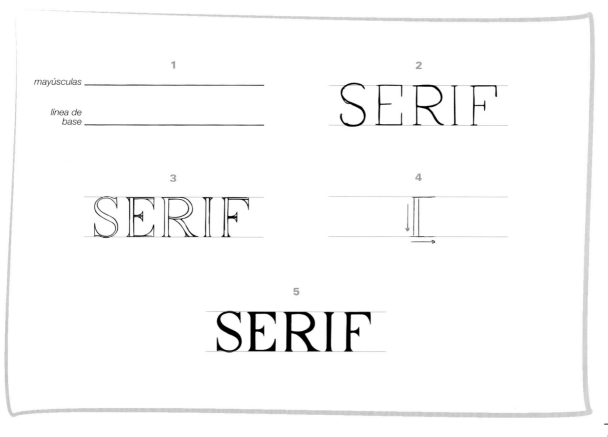

mayúsculas

línea de
base

1

2

3

4

5

PRACTICA AQUÍ LOS EJERCICIOS

# Letras de palo seco

Estas letras se llaman también *sans serif*, es decir, sin serifas o remates. Aunque se parecen mucho a las letras con serifa en el espesor relativamente uniforme de los trazos, aprender a dibujar el alfabeto de palo seco puede ser algo difícil, así que te conviene estudiar alguna fuente tipográfica para comprender la anatomía de las letras.

1. Si no vas a usar las páginas de práctica, traza las guías como hemos visto antes. Si las vas a usar, une el primer y el cuarto par de puntos. Serán las guías para las ascendentes y las descendentes.

2. Dibuja el armazón de las letras. El espacio entre ellas debe ser más ancho de lo habitual, pues se verá compensado por el grosor de los trazos.

3. Las letras de palo seco de formas redondeadas deben sobrepasar un poco la línea de la altura de la *x*, como se aprecia en la imagen 3. También su *kerning* debe ser algo más ancho.

4. Empieza a añadir espesor. Todas las letras deben tener idéntico espesor; por ejemplo, los trazos horizontales y verticales de las letras *a*, *n*, *r*, *i* y *f* deben ser del mismo grosor. Verás que muchos caracteres comparten rasgos; por ejemplo, el fuste de las letras *a*, *n* y *r* es igual al de la *i*.

5. Una vez que hayas engrosado las letras y te guste cómo quedan, cálcalas con un lápiz bien afilado y entíntalas con un rotulador de punta fina.

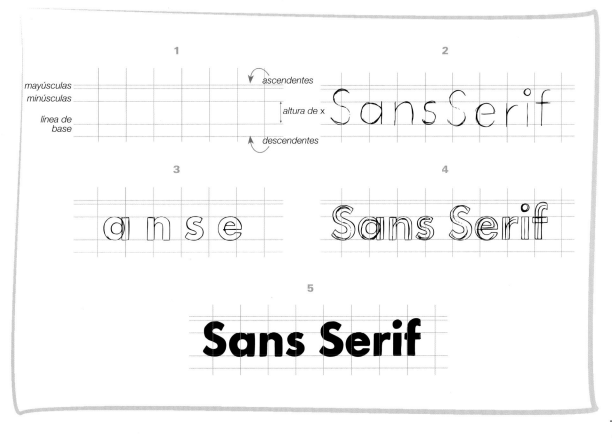

# PRACTICA AQUÍ LOS EJERCICIOS

# Rotulación minimalista con serifas

La característica más asombrosa de las letras con serifas es que puedes quitarles elementos para crear estilos y composiciones originales. Aquí veremos un estilo minimalista de letras con serifas.

1. Si no vas a usar las páginas de práctica, traza las guías con una regla. Si las vas a usar, une el primer y el tercer par de puntos para crear guías para las ascendentes y las descendentes.

2. Dibuja a lápiz el esqueleto de tu texto completo. No empieces aún a añadir ni quitar elementos de las letras; primero tienes que ver si el rótulo funciona en su versión más esencial.

3. Fíjate en que la letra *A* sobrepasa un poco la línea de la altura de las mayúsculas. Esto se hace para que las letras estén ópticamente equilibradas. Lo mismo ocurre con las letras *V* y *W*.

4. Empieza a añadir grosor a las letras. Es importante trazar las letras completas para asegurarte de que el interletraje y el equilibrio son ópticamente correctos.

5. Usando papel de calco o una mesa de luz, calca las letras, pero solo los trazos gruesos y las serifas. Esta es la base del estilo de rotulación minimalista.

6. Ahora rellena las letras con un rotulador de punta fina. Fíjate en que, aunque faltan todas las líneas finas, la palabra se sigue leyendo bien.

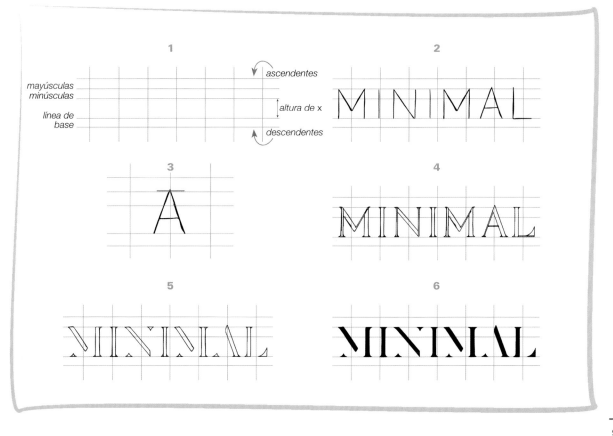

# Letras de bloque con serifas

A veces las diferencias de espesor y grosor de los caracteres con serifas limitan sus posibilidades de uso en aplicaciones creativas. Aquí vamos a ver una forma original de transformar la estética de estas letras con un aire más vistoso y potente.

1. Si no vas a usar las páginas de práctica, traza las guías con una regla. Si las vas a usar, une el primer y el tercer par de puntos para utilizar esas líneas como guías para las ascendentes y las descendentes.

2. Dibuja con trazos suaves de lápiz el esqueleto de las letras. Puedes usar una regla para que te queden las líneas paralelas.

3. Ojo con el espaciado entre las letras. Debe ser algo más ancho que en un alfabeto con serifas normal, pues vas a dar más grosor a todos los caracteres.

4. Añade un espesor uniforme a las letras. Si, normalmente, el grosor de las letras con serifas varía según la dirección del trazo, en este caso todos los trazos tendrán un grosor uniforme.

5. Una vez esbozados los contornos de las letras, cálcalas con un lápiz bien afilado. Recuerda que puedes usar la regla si te resulta difícil hacerlo a mano alzada. Después, entinta las letras con un rotulador de punta fina.

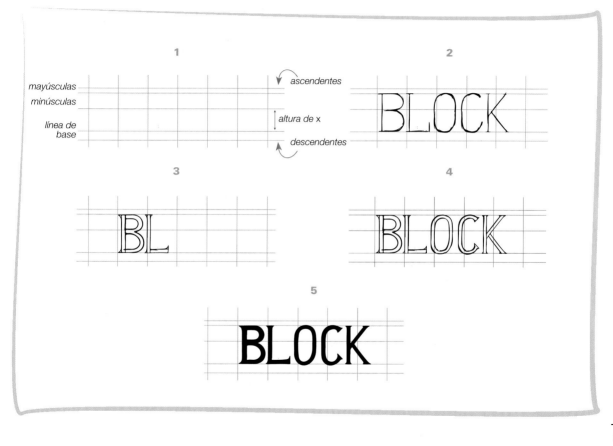

**1**

mayúsculas

minúsculas

línea de base

ascendentes

altura de x

descendentes

**2**

BLOCK

**3**

BL

**4**

BLOCK

**5**

BLOCK

# PRACTICA AQUÍ LOS EJERCICIOS

# Letras de bloque de palo seco

Estas letras de bloque se parecen mucho a las de palo seco; la principal diferencia está en su uso: este tipo de lettering se denomina también *display*, o de fantasía, y suele emplearse en anuncios publicitarios y escaparates, donde se necesitan unas letras vistosas y potentes.

1. Si no vas a usar las páginas de práctica, empieza por trazar las guías. Si las vas a usar, une con líneas el primer y el cuarto par de puntos para formar las guías de las ascendentes y las descendentes. Traza también líneas verticales, lo más rectas que puedas, usando una regla o una escuadra para asegurarte de marcarlas en el ángulo correcto.

2. A continuación, dibuja a lápiz el esqueleto de las letras. Respeta el espaciado necesario para dibujar luego los trazos gruesos y uniformes del interior y el exterior de las letras. Si no lo haces, la rotulación te quedará muy compacta.

3. Aquí puedes ver que adecuar el *kerning*, el espacio entre pares de letras con problemas de acoplamiento, es fundamental para garantizar la legibilidad y el equilibrio del texto. Fíjate en que, aunque ese espacio entre letras sea métricamente distinto, a nivel óptico se ve uniforme. Calcula el espaciado ópticamente, no métricamente.

4. Añade espesor a los caracteres, asegúrate de que el grosor de los trazos es uniforme. Si al principio te resulta difícil, con la práctica irás adquiriendo experiencia y detectarás fácilmente cualquier error que hayas podido cometer.

5. Contornea y rellena las letras con un rotulador de punta fina. Si es necesario, usa una regla para que los trazos horizontales y verticales te queden perfectamente rectos.

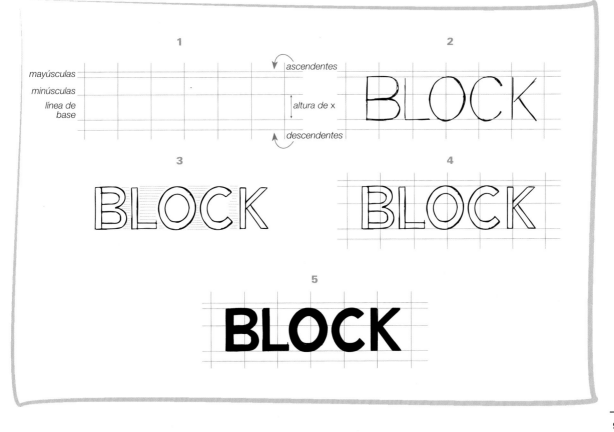

mayúsculas

minúsculas

línea de
base

ascendentes

altura de x

descendentes

1

2

3

4

5

## PRACTICA AQUÍ LOS EJERCICIOS

# Cómo rotular serifas

Cuando se usa un pincel plano —o un rotulador de punta de pincel—, los trazos salen gruesos al desplazarlo en sentido descendente, y finos cuando se sujeta el pincel en ángulo y se desliza en horizontal. Aquí aprenderás a dibujar composiciones con serifas.

1. Dibuja las guías. Une todos los pares de puntos de la página de práctica con una regla y un lápiz. La guía superior será la línea de las ascendentes. Usa las demás líneas para reproducir los espacios que ves en la página siguiente. Tampoco hace falta que sean exactas. Traza una primera línea vertical a lápiz. Si prefieres, puedes usar un papel cuadriculado o punteado para crear las guías.

2. Dibuja una caja rectangular, del grosor que consideres necesario, en torno a la línea vertical.

3. Dibuja los trazos horizontales de los extremos superior e inferior del rectángulo. Deben tener una longitud equivalente a tres cuartas partes de la línea vertical y ser más finos que el trazo vertical.

4. En los extremos de las líneas horizontales, añade unos trazos verticales cortos. Estas serán las serifas de la letra *E*.

5. Une las serifas con los trazos de la letra. Conviene tener en cuenta que esos trazos de conexión deben ser curvos.

6. Ya puedes entintar la letra.

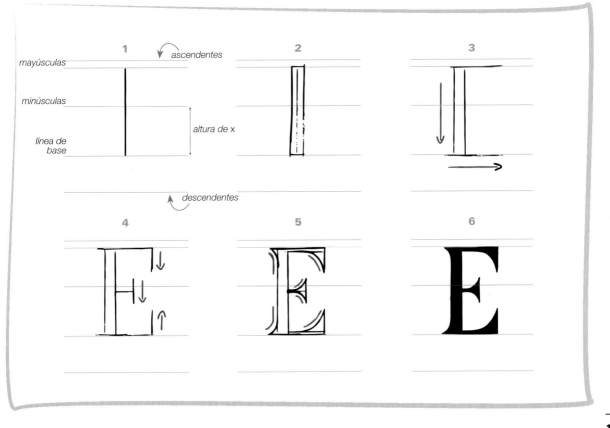

mayúsculas

ascendentes

minúsculas

altura de x

línea de
base

descendentes

PRACTICA AQUÍ LOS EJERCICIOS

# Rotulación cursiva con serifas

Las cursivas con serifas aportan carácter y dinamismo a cualquier trabajo de lettering y, dotan de interés a la composición cuando se les añaden florituras. Vamos a ver cómo dibujar este tipo de letras decorativas.

1. Si no vas a usar las páginas de práctica, empieza por trazar las guías. Si las vas a usar, une con líneas el primer y el tercer par de puntos que allí aparecen; te servirán de guías para las mayúsculas y las astas descendentes. Traza también líneas verticales, en un ángulo de aproximadamente 70 grados.

2. Dibuja a lápiz el esqueleto de las letras, asegurándote de trazar con una regla a 70 grados todas las líneas verticales. Esta es la inclinación de las letras cursivas, por lo que es importante que ese ángulo se mantenga constante.

3. Empieza a añadir espesor a los caracteres, asegurándote de darles un grosor uniforme a todos los trazos. Ten en cuenta que debes dibujar todos los trazos horizontales de las letras en ángulo de 90 grados; si no lo haces, la rotulación te quedará distorsionada.

4. Ahora, entinta las letras con un rotulador de punta fina. Si te da pena que se pierdan tus bonitos trazos a lápiz al entintar las letras, cálcalas en otra hoja con la ayuda de papel de calco o de una mesa de luz.

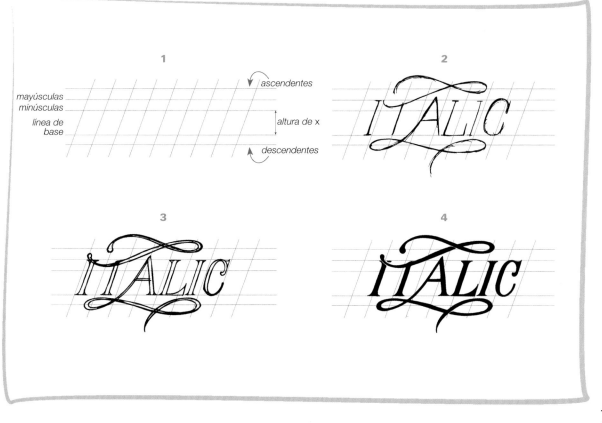

PRACTICA AQUÍ LOS EJERCICIOS

# Palo seco condensada

La letra de palo seco condensada es igual que una sans serif normal, pero con los caracteres y espaciado estrechados. Los textos rotulados con ella adquieren una apariencia más vertical y llamativa.

1. Si no vas a usar las páginas de práctica, empieza por trazar las guías. Si las vas a usar, une con líneas el primer y el cuarto par de puntos, que serán las guías de las astas ascendentes y descendentes. Traza también una serie de líneas de guía verticales para marcar el ritmo vertical.

2. Dibuja a lápiz el esqueleto de las letras. Ten en cuenta que las letras redondeadas deben sobrepasar un poco las guías y que debes estrechar el interletraje. Para asegurarte de que todos los trazos quedan perfectamente verticales, dibújalos con regla.

3. Para dibujar las letras, puedes emplear este método de cajas o bloques que consiste en hacer unos bloques rectangulares regulares e ir combinándolos para dar forma a las letras.

4. Añade espesor a los caracteres siguiendo ese método. Cada letra debe encajar en un rectángulo de dimensiones uniformes. Traza las líneas horizontales y verticales con regla.

5. Usando un papel de calco o una mesa de luz, calca el texto con lápiz y regla. Si te gusta cómo queda el contorno de las letras, entíntalas con un rotulador de punta fina.

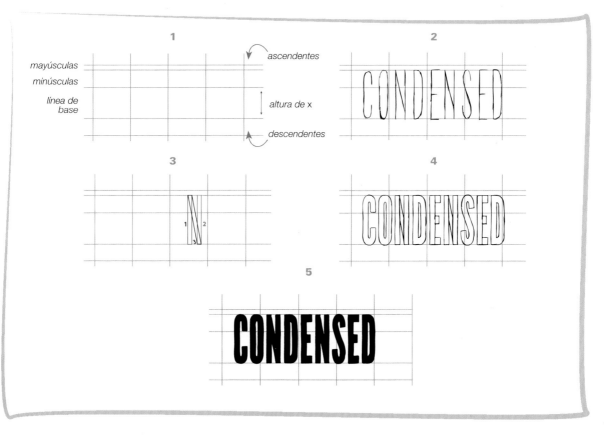

1

mayúsculas
minúsculas
línea de base

ascendentes

altura de x

descendentes

2

CONDENSED

3

N
1  2
3

4

CONDENSED

5

CONDENSED

# PRACTICA AQUÍ LOS EJERCICIOS

# Cursiva hueca

Las letras huecas dan ligereza y carácter a cualquier trabajo de lettering, y hacerlas es fácil.
El principal truco para dibujarlas es darles uniformidad.

1. Si no vas a usar las páginas de práctica, traza las guías horizontales con una regla. Si las vas a usar, une con lápiz y regla el primer y el cuarto par de puntos para trazar las guías de mayúsculas y descendentes. Las guías verticales deben tener un ángulo de inclinación de 65 grados; es lo que brinda a este estilo su original fluidez.

2. Dibuja a lápiz el esqueleto de las letras. Ten en cuenta que lo más importante en este estilo de rotulación es que sea fluido. Asegúrate de que los bucles y panzas de las letras sean circulares y estén bien espaciados.

3. Empieza a añadir espesor, pero teniendo en cuenta que los trazos de conexión entre las letras deben ser muy finos, ya que esto es lo que da a los caracteres el contraste en el grosor del trazo.

4. Fíjate en que los extremos superiores de los trazos son puntiagudos y fluidos. Es un recurso ornamental adicional que puede otorgar a las letras un toque más natural, más "vegetal".

5. Ahora viene lo más complicado: con papel de calco y un rotulador negro grueso, calca el contorno de las letras. Quizás tengas que probar con rotuladores de distintos grosores hasta que logres el efecto deseado.

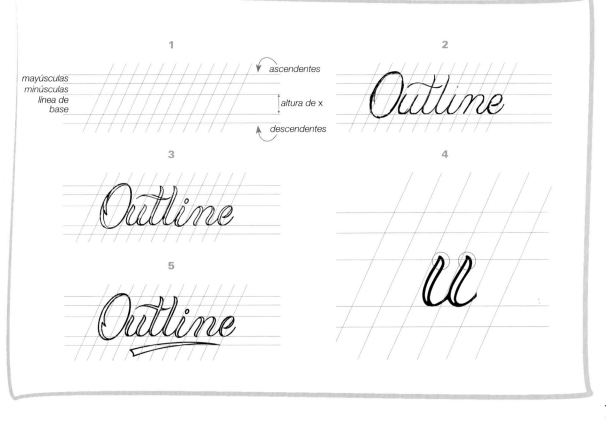

**1**

mayúsculas
minúsculas
línea de
base

ascendentes

altura de x

descendentes

**2**

*Outline*

**3**

*Outline*

**4**

**5**

*Outline*

PRACTICA AQUÍ LOS EJERCICIOS

# Letras huecas con serifas

Las letras con serifas son perfectas para jugar a añadir o quitar rasgos porque, cuando están bien trazadas, permanecen legibles por mucho que las alteres. Este estilo de letras huecas con serifa es ideal para destacar palabras concretas de una pieza de lettering.

1. Si no vas a usar las páginas de práctica, empieza por trazar las guías. Puedes servirte de los dos bordes de la regla para dibujar una serie de guías homogéneas. Si las vas a usar, une el primer par de puntos para la guía de la altura de las mayúsculas y usa las demás líneas según los espacios horizontales que ves en la página siguiente.

2. Dibuja el esqueleto de la palabra que quieres rotular con trazos suaves de lápiz. Ten en cuenta que todas las letras serán mayúsculas y que debes dejar espacio para las serifas.

3. También con trazos suaves, añade espesor al esqueleto de las letras.

4. Ahora, lo más complicado: trazar el contorno grueso de las letras. Con papel de calco o una mesa de luz, calca los contornos. Usa una regla si lo necesitas. Cuando te guste el resultado, entinta los contornos con un rotulador grueso. Si quieres dar a la palabra un aspecto rústico o retro, hazlo a mano alzada.

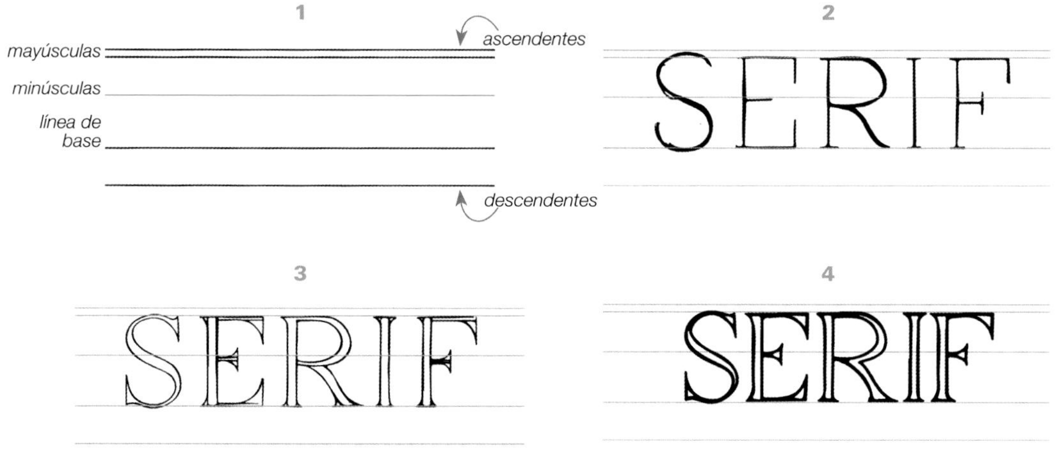

**1**

mayúsculas ══════════════════════ ↶ *ascendentes*

minúsculas ────────────────────────

línea de
base ──────────────────────────

──────────────────── ↷ *descendentes*

**2**

SERIF

**3**

SERIF

**4**

SERIF

# Rotulación en círculo

Uno de los mayores desafíos del diseño de lettering es dominar el dibujo de letras inscritas dentro de formas o figuras. Para hacer textos dentro de un círculo, el único secreto está en comprender el ritmo y el patrón del propio texto.

1. Con un compás, haz dos círculos con trazos suaves de lápiz sin mover la aguja del compás. Haz el segundo círculo un centímetro mayor o menor que el primero. Luego añade una guía vertical y otra horizontal, ambas centradas.

2. Después, usa el compás para marcar puntos alrededor del círculo exterior a intervalos regulares. Serán la guía para dibujar las letras.

3. Con la regla, traza líneas rectas desde esos puntos hasta el centro de la circunferencia, es decir, el punto donde has apoyado la aguja del compás. Estas líneas te indicarán la dirección que deben adoptar los trazos verticales de las letras.

4. Dibuja las letras con trazos suaves de lápiz. El ángulo vertical de las letras debe coincidir con las guías. Dominar esta técnica requiere práctica, pero cuando la hayas ejercitado varias veces conseguirás que te salga de manera natural.

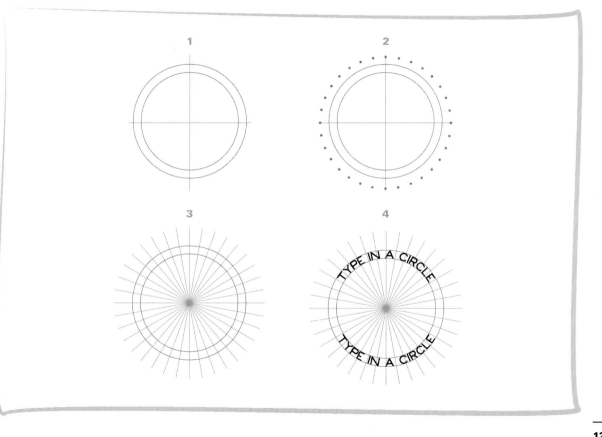

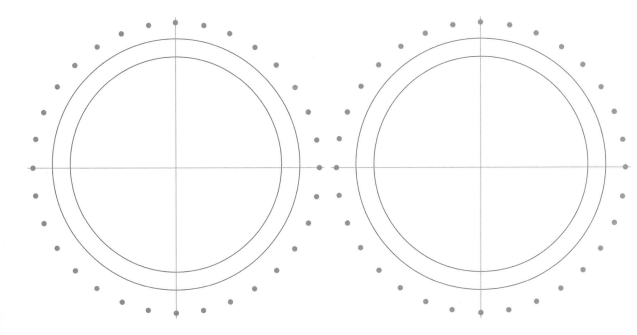

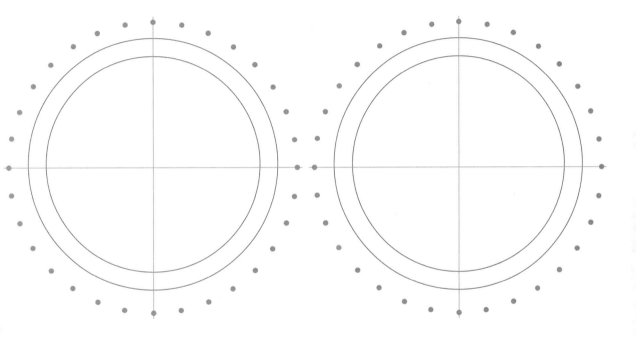

# Rotulación de estilo rúbrica

La rotulación que imita la firma manuscrita es uno de los estilos más rápidos del lettering. Su esqueleto se basa en una cursiva natural que aprovecha el movimiento del brazo y a la que se añade espesor en los trazos.

1. Si vas a usar las páginas de práctica, une el primer, segundo y tercer par de puntos, que serán las guías de mayúsculas, minúsculas y descendentes, respectivamente. Si no las vas a usar, traza la línea de mayúsculas, la de base y la de minúsculas en un papel con una regla. Por lo general, la línea de minúsculas está a tres cuartos de altura de la de mayúsculas, por lo que la altura de x es relativamente pequeña en comparación con la de las mayúsculas.

2. Con holgura, escribe a lápiz en letra cursiva ligada la palabra que quieras. No tiene que ser perfecta; intenta trazarla de manera rápida y gestual.

3. Como hiciste en la "Rotulación vintage a pincel" (pág. 74), añade grosor de manera uniforme a los trazos descendentes. Esto brinda a la composición un grosor parecido al del trazo a pincel. Con un papel de calco o una mesa de luz, calca con cuidado los contornos del texto a lápiz; esto ayudará a limpiar las líneas y detectar cualquier posible error para poder corregirlo.

4. Con un rotulador de punta fina o un Micron del 0,5, repasa los contornos y entinta el interior de las letras. Como este estilo pretende tener un aspecto rústico, no hace falta que te ciñas con exactitud a las guías; usa tu creatividad y encuentra tu estilo de firma personal.

**1**

mayúsculas

*ascendentes*

minúsculas
línea de
base

altura de x

*descendentes*

**2**

*Signature*

**3**

*Signature*

**4**

*Signature*

# PRACTICA AQUÍ LOS EJERCICIOS

# Cursivas de bucles gruesos

Este tipo de letras cursivas con los bucles más gruesos se suelen escribir con plumilla o pincel de punta recta. Su característica principal es el incremento de espesor en los trazos redondeados de los caracteres, que le da a la composición un aire como de los años 20.

1. Dibuja la serie de guías horizontales habituales en el papel. Luego añade otras verticales, en ángulo de 56 grados. Esa será la inclinación que seguirán las cursivas.

2. Dibuja el esqueleto del texto con trazos suaves de lápiz, ciñéndote a las guías que has marcado.

3. Fíjate en que los trazos curvos inferiores del esqueleto de las letras se ajustan lo más posible a un círculo perfecto. Dar uniformidad a esos bucles aporta unidad y fluidez al conjunto. Todo buen trabajo tipográfico tiene que ver con la regularidad.

4. Al añadir espesor a las letras, haz más gruesos los bucles inferiores y más finos los trazos de unión entre las letras.

5. Calca el contorno de la palabra con un lápiz bien afilado, repásalo con un rotulador Micron del 0,5 y entinta el interior de las letras.

**1**

mayúsculas

minúsculas
línea de
base

ascendentes

altura de x

descendentes

**2**

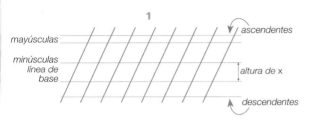

**3**

**4**

**5**

# PRACTICA AQUÍ LOS EJERCICIOS

# Galería

**ABAJO** En esta pieza de estilo retro
se usan cintas, elementos no textuales
y guías curvas.

**ARRIBA** La clave para rotular
bien a mano es la práctica.
Puedes llevar siempre encima
cuaderno y lápiz para registrar
cualquier ejemplo que te inspire.

Esta elegante nota de agradecimiento se caligrafió a tinta con plumilla y mango oblicuo. Se han añadido elementos decorativos para equilibrar la composición.

15 variaciones y extras

# Composición para rotular

El lettering y la caligrafía pueden quedar genial aunque la pieza tenga solo una palabra. Pero si quieres rotular una cita o una frase, es clave planificar de antemano para que la composición sea interesante. Vamos a ver cómo hacer bocetos en miniatura y formas sencillas, como cuadrados o arcos, que sirvan como guía para componer el texto.

1. En este ejercicio te puede servir el papel punteado o cuadriculado. Traza un pequeño rectángulo de proporciones correspondientes al A4; será la base de tu miniatura.

2. Empieza a añadir figuras (arcos, rectángulos…) teniendo en cuenta que son solo guías para encajar el texto, así que deja el espaciado adecuado.

3. Traza arcos para las palabras clave del texto. Esto dará énfasis y estructura al diseño final.

4. Haz formas sencillas. Aquí solo se ha añadido una línea para dar contraste entre las palabras más y menos relevantes.

5. Añade solo unas cuantas líneas decisivas en las que encajar la cantidad de palabras que pretendes que compongan el diseño.

6. En este caso se ha añadido otra sencilla línea recta para que le aporte equilibrio y simetría a la composición. Puedes experimentar con esta técnica y alternar formas más complejas y más simples.

7. Rellena las formas que enmarcan las guías para hacerte una mejor idea del espacio negativo.

8. En la imagen 8 se ven otros ejemplos básicos de composiciones de lettering. El truco está en que las formas sean claras y estén equilibradas para que tus letras lo estén también, además de ser legibles.

**1**

**2**

**3**

**4**

**5**

**6**

**7**

**8**

# PRACTICA AQUÍ LOS EJERCICIOS

# Letras huecas
# con filete central

Cualquier mínimo retoque puede tener un efecto enorme, por lo que es crucial trabajar con diligencia y seguir los pasos adecuados. Aquí veremos las letras *inline*, huecas y con un filete central, ideales para transmitir un aire particularmente retro.

1. Dibuja a lápiz el esqueleto de la palabra en papel cuadriculado o punteado. Si lo prefieres, también puedes usar la regla para que te quede todo bien recto.

2. Igual que has hecho con las letras de bloque de palo seco (pág. 98), dibuja con trazos suaves el resto de la estructura de la palabra. Recuerda trazar las líneas lo más rectas que sea posible.

3. Ahora ya puedes darles espesor a los trazos. Asegúrate de que son todos de un grosor uniforme para que el resultado final no quede irregular. Te puede ayudar usar un rotulador grueso: al dibujar con una punta bien gruesa, te garantizas poder llenar el trazo entero de la letra de una sola pasada.

4. Dibuja con un rotulador más fino una línea o filete que recorra toda la letra por el interior. Si te cuesta que te queden rectos los trazos, ayúdate con una regla. Con el tiempo y la práctica adquirirás pulso y podrás dibujar líneas rectas sin ayuda de la regla.

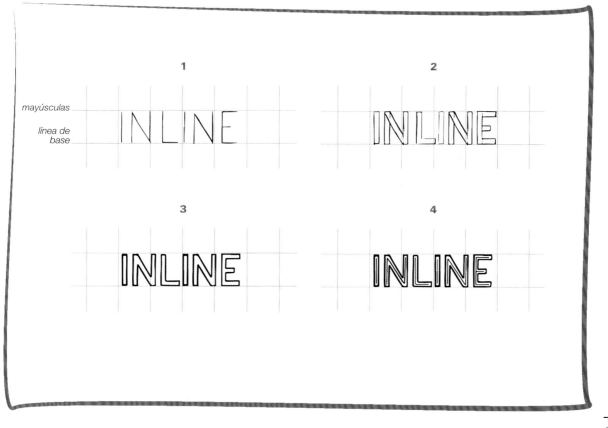

PRACTICA AQUÍ LOS EJERCICIOS

# Composición con rotulador de punta de pincel

Puedes añadir efectos de textura a tus letras con un rotulador de punta de pincel; conseguirás diseños impactantes con aire gestual y podrás combinar estilos con dinamismo y armonía.

Decide primero qué palabra vas a rotular con el rotulador de punta de pincel; así podrás practicar los trazos de pincel en una hoja en sucio y fortalecerás la memoria muscular necesaria para reproducir mejor las palabras en la pieza final.

Solo con la práctica se aprende a usar bien el rotulador de punta de pincel; cuando ganes confianza podrás servirte de esta técnica para dar a tus diseños un toque extra que demuestre el alcance de tu destreza. Puedes revisar también el tutorial sobre rotulador de punta de pincel blanda (pág. 30).

1. Esboza la pieza de lettering y el esqueleto de tu palabra con tu rotulador o lápiz habitual.

2. Cuando te guste el espaciado de la composición, afina la parte de lettering dibujado.

3. Ahora ya puedes usar el rotulador de pincel para dar cuerpo al esqueleto de las palabras que bocetaste antes.

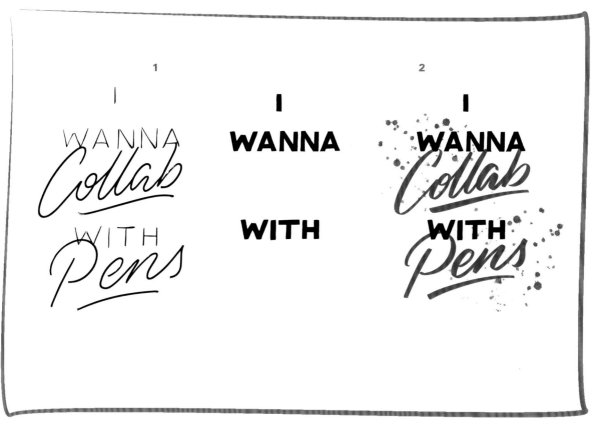

PRACTICA AQUÍ LOS EJERCICIOS

# Guías compositivas

Las guías son fundamentales en caligrafía y lettering. Te ayudan a mantener la coherencia y la regularidad, y a trabajar con líneas rectas.

1. Dibuja una línea recta con una regla. Intenta que quede paralela al borde del papel.

2. Sin mover la regla, dibuja otra línea recta siguiendo su borde inferior. Así, ambas líneas quedarán paralelas.

3. Gira la regla y ponla en vertical. Las guías verticales que vas a dibujar ahora te ayudarán a crear trazos verticales de manera uniforme.

4. Dibuja la curva en forma de S de la imagen 4. La vas a dibujar a mano alzada, no te hará falta la regla. Esta guía curva te ayudará a dibujar las letras con más facilidad y soltura.

5. Ahora, dos guías paralelas en forma de S.

6. Dependiendo del ángulo que vayan a seguir las letras, dibuja unas guías. Aquí hemos usado guías verticales porque el trabajo previsto así lo exige.

1

2

3

4

5

6

# PRACTICA AQUÍ LOS EJERCICIOS

# Elementos decorativos

Todo el tiempo que dediques al lettering y la caligrafía merecerá la pena. Los diseñadores suelen disponer de una serie de tipos y de elementos gráficos limitados. Pero los artistas del lettering pueden usar cualquier cosa como inspiración para sus piezas. Vamos a ver cómo equilibrar las letras con elementos decorativos no textuales.

1. Rotula el texto. Puedes hacerlo con pincel, con serifas, sin ellas... Aquí usamos letras con serifa rotuladas, con efecto de bandera.

2. Dado que la palabra principal de la composición es *element*, es la primera que se ha rotulado. La palabra *amazing*, de menos relevancia, va después. Así que el primer elemento no textual que incorporamos es la cinta, que se ve equilibrada porque sigue la misma curvatura que la palabra principal.

3. Queda mucho espacio negativo (en blanco) en la parte inferior derecha. En la imagen 3, el problema se ha resuelto añadiendo unos trazos lineales decorativos, que también se ciñen a la forma curva de la palabra *element*.

4. Aquí añadimos unas ramas y hojas de estilo rústico vintage para rellenar más el hueco.

5. Las líneas añadidas a la derecha de la imagen dan a la composición un efecto de movimiento. Confiere más equilibrio a la composición y dirige la mirada hacia el centro.

6. Una serie de trazos rectos completa la forma rectangular de la composición. También rellena parte del espacio negativo; pero recuerda que no hay por qué llenar siempre todo el espacio blanco.

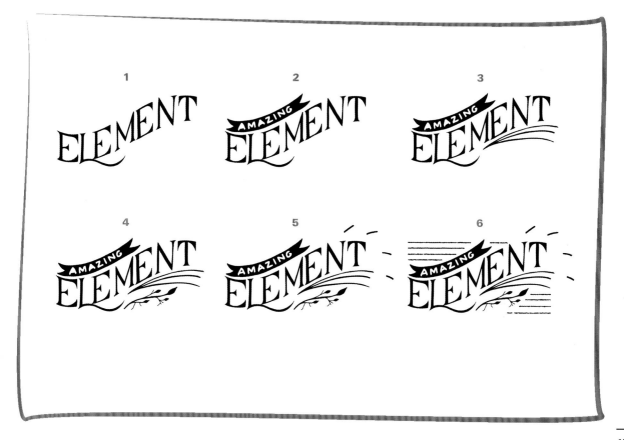

# PRACTICA AQUÍ LOS EJERCICIOS

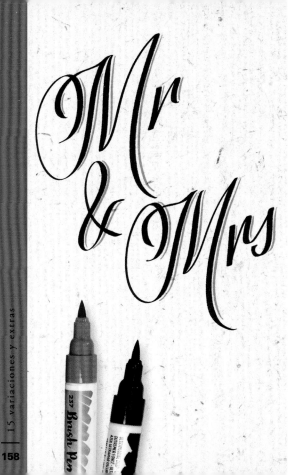

# Añadir sombreados

A veces apetece añadir un toquecito extra al texto rotulado, sobre todo si todas las letras son del mismo color. Vamos a añadir una sombra a tu lettering para darle volumen e interés.

1. Dibuja la palabra que quieras. Según el tipo de sombra que quieras crear, puedes bocetar el sombreado a lápiz o dibujarlo directamente con el rotulador de punta de pincel. La segunda opción es siempre más sencilla, y en realidad no hace falta que las sombras sean superprecisas.

2. Lo que sí es importante es que las sombras mantengan un ángulo uniforme. En este caso, la sombra cae en un ángulo de 320 grados, es decir, que la fuente de luz procede de la esquina superior izquierda. Con el rotulador de punta de pincel, repite en paralelo los trazos de las letras dando ese ángulo a la sombra. Aquí la sombra está en color rosa. Fíjate en lo bien que se ciñe a la rotulación inicial. Puedes usar el color que quieras; como cada color producirá un efecto y un resultado distinto, es bueno probar varias versiones. Con las rotulaciones en negro, las sombras grises siempre funcionan bien.

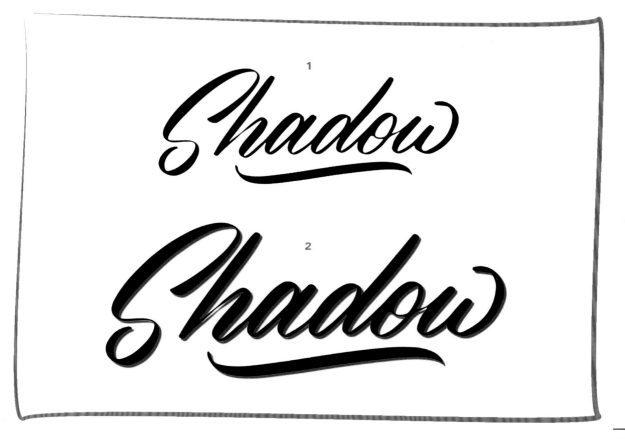

## PRACTICA AQUÍ LOS EJERCICIOS

# Crear profundidad

A veces el lettering queda con un aspecto plano. Puedes ponerle remedio dando profundidad a la caligrafía hecha con rotulador de punta de pincel o al lettering de cursivas monotrazo. Esta técnica solo funciona si se hace con un rotulador de punta de pincel de color muy saturado o con acuarelas.

1. Dibuja el texto del color que quieras como de costumbre. Usa un rotulador de punta de pincel o, si vas a hacer letras monotrazo, un rotulador de punta cuadrada.

2. Espera a que el texto se seque bien para que no se emborrone y, con trazos suaves de lápiz, marca las zonas donde irán las sombras. Deben estar en los lugares donde se cruzan dos trazos y su posición dependerá del orden en el que hayas dibujado las letras. Rellena las sombras con el lápiz, empezando por la parte más oscura, y suavizando la presión de manera gradual para generar un efecto de degradado, como muestra la imagen 2.

NOTA:
Al sombrear las partes más oscuras, no uses la punta del lápiz; ponlo lo más plano que puedas respecto al papel pero sin llegar a perder el control del trazo.

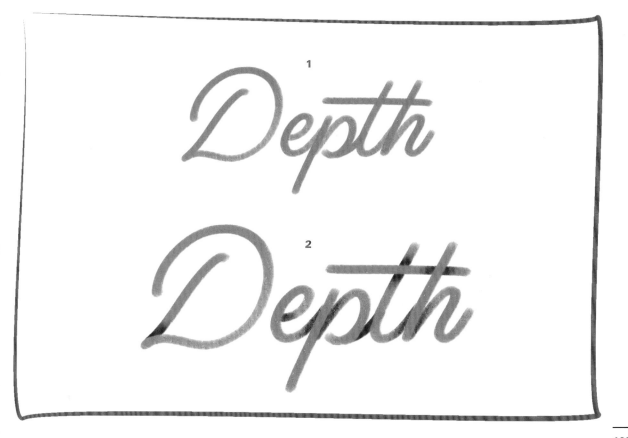

# PRACTICA AQUÍ LOS EJERCICIOS

# Florituras a pincel

Añadir florituras es una técnica muy habitual en la caligrafía con plumilla, pero no tan frecuente en el estilo pincel. Aquí verás algunas formas de añadir florituras a las letras para darles vida.

1. En estos dos ejemplos de la *h* minúscula, la primera tiene un asta vertical normal, y la segunda, una floritura. Intenta reproducir la floritura con un rotulador de punta de pincel, con un solo movimiento del rotulador, como indican las flechas.

2. La floritura de esta *g* minúscula parte del trazo descendente. Reprodúcelo, empezando desde el asterisco y siguiendo las flechas. Observa bien el espesor de cada segmento del trazo en esta imagen.

3. Dos variaciones de una *R* mayúscula, con una floritura añadida a la cola de la letra. Sigue las flechas para reproducirla.

4. Como la palabra *name* no ofrece muchas posibilidades de añadirle ornamentos sin perder legibilidad, solo se ha adornado con una floritura debajo: un trazo rápido, curvilíneo, cuyo espesor va disminuyendo.

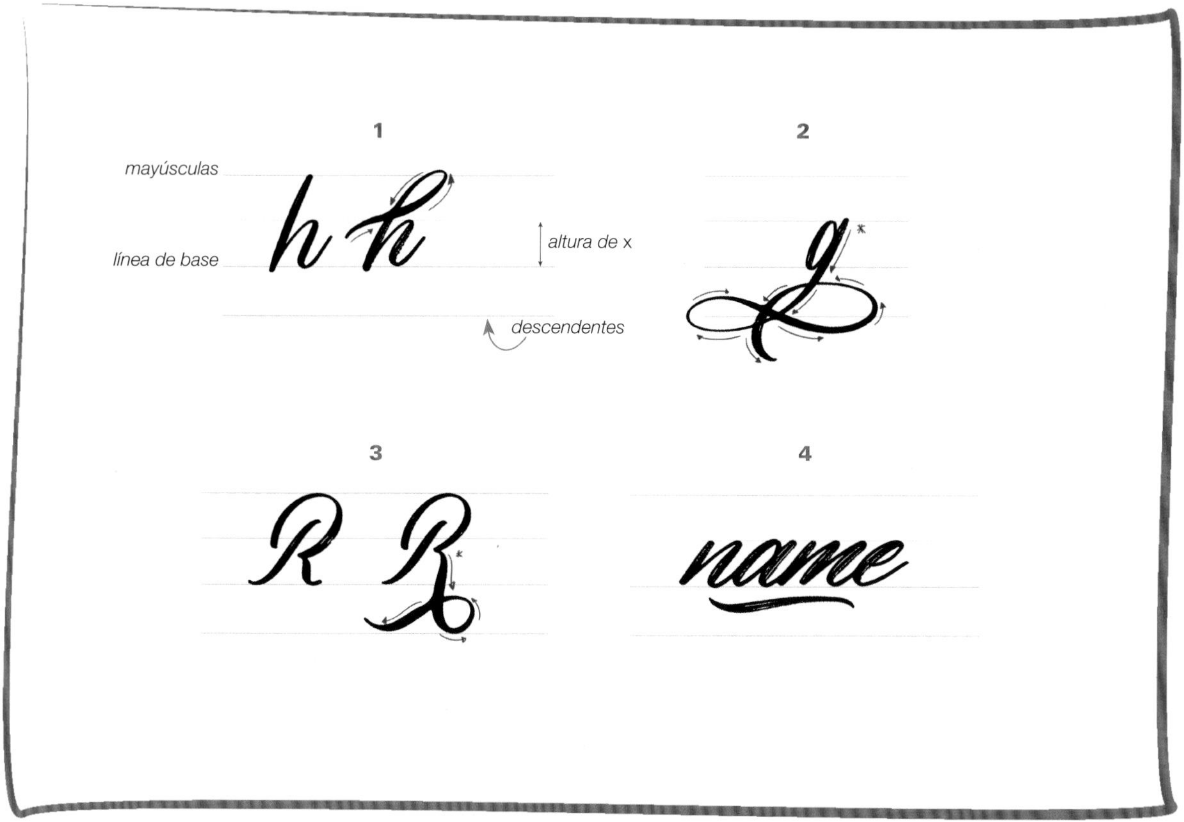

**1**

mayúsculas

línea de base

altura de x

descendentes

**2**

**3**

**4**

5. Aquí una floritura estándar de ocho bucles, que se usa mucho como ornamentación en caligrafía. Hay que practicarla bastante para incorporarla en nuestra memoria muscular.
Para dibujar estos trazos de espesor gradual, empieza por el asterisco y ve desplazándote a derecha e izquierda.

6. Con las florituras, el truco está en saber respetar el espaciado y el equilibrio del texto rotulado. Este lettering de tipo pincel tiene dos florituras: la de la letra *F* aporta equilibrio y espacio, y el trazo curvo inferior es una floritura de tipo estético.

# PRACTICA AQUÍ LOS EJERCICIOS

# Combinar serifas y letras a pincel

La combinación de letras con serifa y rotulación a pincel es muy versátil y atractiva.
Son muchas las variaciones posibles, como la opción con letras de palo seco que se ve arriba.

1. Elige dos palabras (aquí *brush* y *serif*) y dibuja primero la segunda palabra en letras con serifa. No tiene que quedar perfecta; después las calcarás para crear la composición final.

2. Con un papel de calco o una mesa de luz, dibuja la palabra que va a pincel encima de la de serifas. Debe quedar equilibrada y tener un tamaño que ocupe toda la extensión de la palabra que queda debajo.

3. Cuando tengas lista la palabra a pincel, calca la de serifas como se ve en la imagen. Para que funcione bien, tendrás que dejar un contorno blanco regular en torno a las letras rotuladas a pincel. Si no quieres entintarlas solo con negro, prueba a usar acuarelas. Puedes consultar el apartado "Caligrafía con acuarela" (pág. 38).

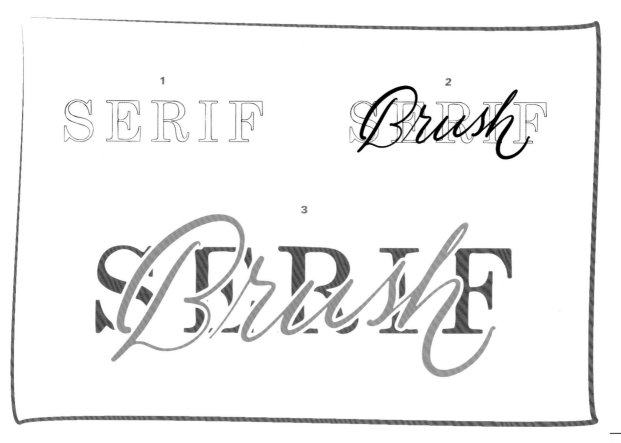

# PRACTICA AQUÍ LOS EJERCICIOS

# Serifas con florituras

Las florituras embellecen las letras y confieren equilibrio y elegancia al lettering. Veamos un ejemplo de florituras para letras con serifas.

1. Empieza por dibujar el esqueleto de las letras, dejando espacio entre ellas para añadirles espesor luego.

2. Con papel de calco, repasa las letras y añade adornos y florituras en algunos trazos. Cuida que la palabra no pierda equilibrio ni legibilidad.

3. Una vez dibujado el esqueleto de las florituras, añade espesor a las letras como hemos visto en el ejercicio de la página 82.

4. Con otra hoja de papel de calco, calca el contorno de la rotulación usando un rotulador de punta fina o un Micron del 0,5. Luego usa un rotulador más grueso, del 0,8, para entintar el interior de las letras.

## PRACTICA AQUÍ LOS EJERCICIOS

# Cintas y banderas

Las cintas y las banderas son un buen recurso para dividir la composición.
Pueden usarse para destacar palabras clave y para aportar simetría.

1. Para dibujar una cinta de dos partes, empieza creando dos rectángulos curvos en forma de *S*, con el primer rectángulo superpuesto al segundo para dar un efecto tridimensional a la cinta.

2. A continuación, dibuja los dos extremos de doble punta. Tiene que parecer que quedan por detrás de las cintas ya dibujadas.

3. Sobre esta imagen plana de las cintas, crea los pliegues. Dibújalos con trazos suaves de lápiz, pues es fácil equivocarse con los ángulos y la perspectiva.

4. Ahora ya tienes la base de la cinta definitiva. Repásala con un rotulador de punta fina o incrementa el espesor de los trazos calcándolos con un rotulador más grueso.

5. Rotula el texto en el centro de las cintas, siguiendo su curvatura.

1

2

3

4

5

USING BANNERS

PRACTICA AQUÍ LOS EJERCICIOS

# Efecto vintage

Si te fijas en algún rótulo antiguo, verás qué bonitas son sus letras envejecidas. Puede parecer difícil conseguir ese efecto vintage, pero basta con unas pocas técnicas para dar a tus letras ese toque de otra época.

1. Puedes usar un rotulador negro de punta de pincel o dibujar las letras en ese estilo. Como ves, son las habituales de la caligrafía a pincel, que será lo que dé ese efecto retro. No importa mucho qué estilo utilices, pero con las letras trazadas a pincel le sacarás más partido a este efecto.

2. En la imagen 2 ya se ha aplicado el efecto vintage al texto. La diferencia entre la imagen 1 y la imagen 2 es que en esta última han desaparecido todos los ángulos pronunciados.

3. En la ampliación de la imagen 3 se distinguen los ángulos agudos que forman los trazos antes de aplicarles el efecto. Les dan a las letras un aire más moderno, así que el objetivo es suavizarlos.

4. Cuando ya tengas las letras rotuladas, redondea todos los rincones usando el mismo rotulador. Es importante usar la misma tinta que la del rotulador inicial, o muy parecida, para que no queden dos matices diferentes del mismo color.

# PRACTICA AQUÍ LOS EJERCICIOS

# Entintado con acuarela

A veces las tintas que tienes para colorear las letras te parecen poco inspiradoras o menos atractivas de lo deseado. Prueba con la acuarela: es perfecta para dar color, funciona muy bien para dar un aire retro y entintarás mucho más rápido que con cualquier tipo de rotuladores.

1. Primero, dibuja tu composición con trazos suaves de lápiz en el estilo que desees: con serifas, de palo seco, de tipo pincel o combinando los que quieras. Una vez dibujadas, ¡no las rellenes de tinta! La acuarela es un tipo de pintura muy delicada; cualquier otra tinta que uses en la misma composición se transparentará y estropeará el efecto que buscas.

2. Cuando tengas clara la composición definitiva, carga con acuarela el pincel –puedes usar un pincel de acuarela redondo o con punta–, y procura que la pintura no sea demasiado espesa, pues la idea es dar fluidez y soltura a la rotulación. Cuando la mezcla de agua y pintura esté a tu gusto, empieza a entintar las letras. Lo genial de las acuarelas es que no exigen demasiada precisión, porque tienen un acabado estupendo. Cuando hayas terminado de entintar el texto con acuarela, pega el papel a la mesa con cinta adhesiva (para evitar que se combe) y déjalo secar.

1

2

# PRACTICA AQUÍ LOS EJERCICIOS

# Punteado

Este efecto de punteado crea un aire de sello estampado muy apreciado por los artistas del lettering, pues da un aire entre rústico y envejecido. Lo habitual es que este efecto se aplique mediante técnicas digitales, pero aquí aprenderás a crearlo a mano.

1. El punteado consiste en usar puntitos muy pequeños para crear texturas. Empieza trazar el contorno de un rectángulo con un rotulador de punta fina, como un Micron del 0,5, haciendo una serie de puntitos aleatorios.

2. Haz unos cuantos puntos más en el centro del rectángulo; su distribución debe ser aleatoria pero homogénea. El punteado es una técnica rápida, así que no te demores demasiado.

3. Añade otra capa de puntos en la mitad derecha del rectángulo. Así conseguirás una textura sombreada: el lado derecho debe quedar más oscuro que el izquierdo.

4. Aquí el resultado final de esta técnica. En lugar de entintar el interior de las letras con un rotulador negro de punta fina, hazlo a base de puntos para que el centro de los trazos quede visiblemente punteado.

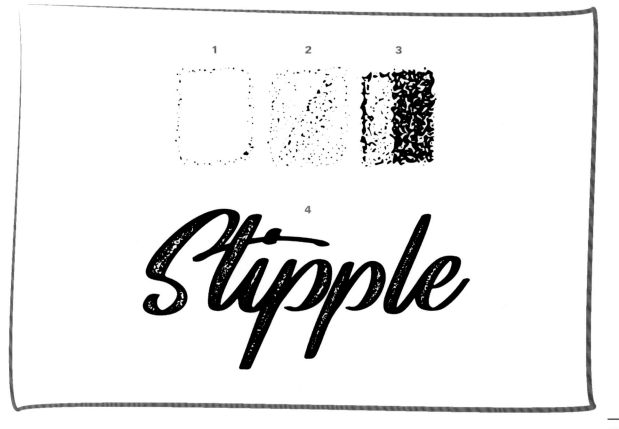

# PRACTICA AQUÍ LOS EJERCICIOS

# Texto con goteo

Usar efectos realistas para decorar el lettering puede dar a las piezas una perspectiva diferente y convertir la composición en una explosión de creatividad. Aquí veremos un efecto de goteo que puedes incorporar a tus trabajos de lettering y de caligrafía.

1. Caligrafía o rotula la palabra que quieras en el estilo que prefieras, este efecto funciona con todos.

2. En esta imagen ves varios tipos de goteo que puedes dibujar. Haz las gotas con el mismo rotulador que has empleado para rotular las letras. También puedes esbozar primero el efecto de goteo a lápiz sobre el texto.

3. Aquí vemos una letra *D* con el efecto de goteo ya aplicado. La clave está en cuidar que todas las gotas discurran hacia abajo lo más vertical posible. Distribuye las gotas aleatoriamente, pero con el estilo y grosor más uniformes que puedas.

4. En la imagen 4 se aprecia el efecto acabado. Puedes añadir todo el goteo que quieras, pero procura que todas las gotas sean del mismo estilo y tamaño para evitar el riesgo de que el efecto pierda realismo.

# Dripping

1. Dripping
2. |||
3. D
4. Dripping

# PRACTICA AQUÍ LOS EJERCICIOS

# Galería

ABAJO El efecto de rotulación manual se puede conseguir aplicando técnicas digitales.

ARRIBA Dos palabras en caligrafía cursiva adornadas con vistosas florituras y combinadas con sencillas letras de palo seco para conectar los textos ornamentados.

**DERECHA**
Este texto
cuidadosamente
dibujado a mano
muestra unos
terminales de
formas estilizadas
en los extremos de
las ascendentes,
unas florituras
sencillas y un
elegante equilibrio
de espesores.

# Glosario básico

**Acuarela**
Pintura que puede aplicarse con pincel para rellenar las letras o para colorear el fondo.

**Altura de mayúsculas**
Altura de las letras de caja alta cuyo extremo superior es plano, no de las redondeadas.

**Altura de la x**
Distancia entre la línea de las minúsculas y la línea base, que comprende el ojo de la letra sin contar astas ascendentes ni descendentes.

**Ángulo de escritura**
Inclinación que se les da a las letras manuscritas respecto al eje vertical.

**Ángulo de pluma o rotulador**
Inclinación con la que se sujeta la punta de la plumilla o del rotulador sobre el papel y que permite trazar las líneas más gruesas o finas tan características de la caligrafía, en función del ángulo que se aplique.

**Arco**
Curva regular que se aplica a un trazo.

**Ascendente**
Asta de la letra que asciende por encima de la línea media: *b, d, f, h, k, l.*

**Asta fina**
Trazo vertical fino que se dibuja moviendo la plumilla o el rotulador de abajo arriba.

**Asta gruesa**
Trazo que comienza en la línea de la *x* o la línea de las ascendentes y termina en la línea base o la línea de las descendentes. Suelen ser los trazos más gruesos de la letra.

**Bloques**
Método consistente en esbozar bloques o cajas de formas regulares, donde inscribir luego las letras manuscritas.

**Composición**
Manera de distribuir letras, palabras o imágenes en la página.

**Cursiva o bastarda**
Estilo caligráfico inclinado y con las letras ligadas. También se denomina así a las fuentes tipográficas de diseño inclinado hacia la derecha.

**Curva en S**
Curva que recuerda a la letra *s.*

**Descendente**
Asta de la letra que desciende por debajo de la línea base: *g, j, p, q, y.*

**Entintar**
Rellenar el contorno de las letras con tinta u otro material, como la acuarela.

**Espesor**
El espesor de una letra lo determina el grosor de sus trazos. Cuanto más gruesos, mayor es el espesor de la letra.

**Esqueleto o armazón**
Conjunto de líneas básicas que componen la letra.

**Floritura**
Trazo decorativo añadido a una letra.

**Fuste**
Principal trazo vertical de una letra.

***Kerning***
Espacio entre dos letras determinadas.

**Letra capital**
Letra mayúscula o de caja alta.

**Letras con serifas**
Estilo caligráfico y tipográfico en el que se añaden unos terminales llamados *serifas*, *remates* o *gracias* en los extremos de los trazos, con fines estéticos o para aportar equilibrio a las letras.

**Letras de palo seco**
Estilo caligráfico y tipográfico que se caracteriza por carecer de las serifas que algunas letras llevan en los extremos de los trazos.

**Letras *inline***
Letras huecas adornadas con un trazo central que las recorre.

**Línea de ascendentes**
Línea de guía que demarca el extremo de las astas ascendentes de las letras que las tienen.

**Línea base**
Línea de guía en la que se apoyan las letras.

**Línea de descendentes**
Línea de guía que demarca el extremo de las astas descendentes de las letras que las tienen.

**Línea de minúsculas**
Guía que se emplea para mantener la altura uniforme de las letras minúsculas.

**Línea fina**
El trazo más fino que se puede dibujar con pluma o pincel.

**Manuscritas**
Letras escritas a mano, a diferencia de las de imprenta.

**Mayúsculas**
Letras de caja alta, o capitales.

**Minúsculas**
También llamadas *letras de caja baja*; las que no son mayúsculas.

**Monotrazo**
Estilo de letras manuscritas creadas por medio de trazos del mismo grosor, lo que

significa que se mantiene una presión uniforme al trazarlas.

**Panza o bucle**
Parte de la letra que configura una curva cerrada: *b, d, g*.

**Plantilla**
Una serie de líneas de guía que se usan en caligrafía para mantener la uniformidad de las letras.

**Plumilla**
Punta metálica que se ajusta al extremo de un mango o pluma y se sumerge en tinta para caligrafiar.

**Punta fina**
Rotulador de punta de fibra o de plástico que puede usarse para contornear y rellenar las letras.

**Trazo**
Línea que se marca en el papel con una pluma, rotulador o pincel caligráfico.

# Útiles básicos

Para hacer los ejercicios que proponemos necesitarás emplear el material adecuado. Seguramente ya tengas lo básico: regla, lápiz, pluma o rotulador y papel; pero además vas a necesitar unos cuantos lápices y rotuladores específicos.

## ROTULAR CON TINTA

### 1. Pilot Parallel de punta gruesa

El rotulador de caligrafía Pilot Parallel suele denominarse formalmente un *rotulador automático*. La punta es cuadrada y de aristas acentuadas, lo que permite tanto trazar líneas gruesas y uniformes, como trazos finos con los bordes.

### 2. Micron Ink Marker

Estos rotuladores son de lo mejorcito que hay en el mercado. Su tinta permanente, de calidad de archivo, que dura mucho tiempo sin decolorarse ni distorsionarse, los convierte en los preferidos de los artistas del lettering.

### 3. Tiralíneas

Antiguamente, el tiralíneas se usaba en dibujo técnico para trazar líneas uniformes, tanto muy finas como gruesas. Sin embargo, recientemente lo han adoptado los calígrafos porque permite trazos de grosores muy contrastados.

## PORTAMINAS

### 4. Rotring 600

Es uno de los portaminas industriales de uso más generalizado. Es de metal, y su forma prismática ofrece una cómoda sujeción y evita que el lápiz ruede por la mesa.

### 5. OHTO Sharp Pencil

Incorpora una mina de grafito de 0,5 mm. Tiene el aspecto y el tacto de un lápiz normal, pero sin que haya que afilarlo y sin que pese tanto como otros portaminas.

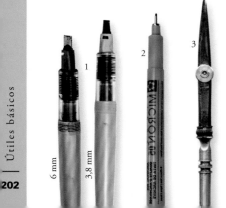

### 7. Staedtler 2 mm Clutch Lápiz

En función del estilo y la escala de la caligrafía o rotulación que pretendes crear, un portaminas grueso como este puede resultarte ideal para trazar líneas uniformes y nítidas.

### PUNTA DE PINCEL

### 8. Ecoline con punta de pincel

Este rotulador con punta de pincel se usa para trazar letras modernas que imitan a la rotulación pintada tradicional. Permite hacer trazos finos y gruesos muy contrastados.

### 9. Crayola

El rotulador Crayola se emplea muy a menudo para imitar letras pintadas a pincel. Es muy versátil y permite crear letras tanto suaves y fluidas como duras y nítidas.

### 10. Kurutake Koi con punta de pincel

Este rotulador se usa para crear rotulaciones de estilo retro; la diferencia de espesor entre los trazos finos y gruesos es mínima, lo que permite una caligrafía uniforme.

### 11. Rotulador *fude* Zebra Medium

Los *fude* son un tipo de rotulador de punta de pincel, pero con una punta hecha de una fibra textil blanda que permite trazar rotulaciones de pequeño tamaño.

### 6. Pentel GraphGear 1000 0.3

El Pentel GraphGear se puede llevar a cualquier parte metido en el bolsillo, con la mina de grafito 0,3 mm retraída en su interior. Cuanto más afilada esté la mina, más precisión permite a la hora de dibujar.

# OTROS MATERIALES ÚTILES

### 1. Mango para plumilla oblicua
Los mangos son el soporte en el que se insertan las plumillas. Los oblicuos son ideales para muchos estilos caligráficos, pues permiten sujetar la pluma en el ángulo idóneo.

### 2. Plumillas
La plumilla es una pieza metálica con punta que se carga de tinta para depositarla sobre el papel. Hay distintos tamaños y formas adecuados para los distintos trabajos caligráficos. Para poder escribir con ella, se insertan en el extremo de un mango.

### 3. Tombow Mono Zero
Borrador retráctil que se emplea para borrar zonas pequeñas y detalles finos, sin afectar al resto del trabajo.

### 4. Borrador Mars Staedtler
Útil para borrar dibujos de tamaño medio y para limpiar el papel, una vez terminado el dibujo.

### 5. Goma de borrar grande
Puedes usar cualquier goma de borrar de buena calidad. Esta que mostramos puede girarse para evitar que la parte sucia de la goma estropee el dibujo.

### 6. Papel de calco
El papel de calco es muy útil para copiar y reproducir tus composiciones.

### 7. Papel punteado
La retícula permite mantener la uniformidad de las letras caligráficas sin necesidad de usar la regla para trazar las líneas horizontales y verticales. Los puntos hacen las veces de líneas de guía y permiten calcular bien los espacios a ojo.

## 8. Mesa de luz

También puedes colocar una hoja de papel normal sobre una mesa de luz para calcar los diseños.

## 9. Regla articulada de madera

Este tipo de reglas permite variar su longitud en función de la línea que se desee trazar.

## 10. Escáner o teléfono móvil

Es importante saber digitalizar el dibujo que hemos hecho en papel. Con un escáner puedes guardarlo en alta resolución, lo que facilita el proceso. También puedes usar la cámara del teléfono móvil: la mayoría permite hacer fotografías de bastante buena resolución y calidad.

11

## 11. Compás

El compás se usa para trazar formas circulares perfectas. Asegúrate de que la mina de grafito esté bien afilada.

8

9

10

# Índice alfabético

## Agradecimientos

Gracias a mi mujer, Naomi, y a mi hermano, Stewart, por su
apoyo a lo largo de todo el proceso de creación de este libro.

El editor desea mostrar su agradecimiento a Sutterstock por su autorización
para reproducir las siguientes imágenes con derechos:

Páginas 6-7 (papel, tintero, pluma de caligrafía ×2), 8 (fotografía de fondo), 10
(papel, pluma de caligrafía), 14 (papel, tintero, plumillas), 18 (papel), 22 (papel,
plumillas), 26 (papel, tiralíneas, tintero), 30 (papel, lápiz), 34 (papel), 38 (papel),
42 (papel, utensilio), 46 (papel, pluma de caligrafía), 50 (papel), 54 (papel,
pluma), 58 (papel, lápiz), 62 (papel, pluma de caligrafía), 66 (papel, pluma de
caligrafía), 70 (papel, pluma de caligrafía, tiralíneas), 72 (fotografía de fondo,
pluma), 74 (papel), 78 (papel), 82 (papel, lápiz), 86 (papel, lápiz), 90 (papel), 94
(papel), 98 (papel), 102 (papel, lápiz), 106 (papel), 110 (papel), 114 (papel), 118
(papel, pluma), 122 (papel), 126 (papel, pluma), 130 (papel, tintero, plumillas),
134-135 (papel ×2, tintero, plumillas), 136 (fotografía de fondo), 138 (papel),
142 (papel), 146 (papel), 150 (papel, lápiz), 154 (papel), 158 (papel), 162 (papel,
lápiz), 166 (papel), 170 (papel), 174 (papel), 178 (papel), 182 (papel), 186
(papel, lápiz), 190 (papel), 194 (papel, pluma de caligrafía), 198 (papel, pluma),
199 (papel ×2, tintero, pluma), 202 (n.º 3), 204 (libro), 205 (iPad, regla, teléfono
móvil), 206 (tiralíneas), 207 (pluma, tintero).

Se ha hecho todo lo posible por acreditar a los titulares de los derechos y por
obtener su autorización para reproducir el material sujeto a derechos. La editorial
pide disculpas por cualquier posible error u omisión en las imágenes arriba
mencionadas e introducirá gustosamente cualquier corrección al respecto en
futuras ediciones.

*Thank You*